主権なき平和国家

地位協定の国際比較からみる日本の姿

伊勢﨑賢治
布施祐仁

集英社

主権なき平和国家

地位協定の国際比較からみる日本の姿

伊勢﨑賢治
布施祐仁

装丁＝川名潤

はじめに

伊勢崎賢治

僕が生まれ育った東京の立川《たちかわ》は、かつては米軍基地の町でした。

米軍基地に薄いフェンス一つで隣接する都営アパートです。

最上階の五階にあった僕の家のベランダから一望できたのは、まさにアメリカ。「外人ハウス」と呼ばれる米兵たちの一戸建て住宅がならぶ居住区で、天気のいい日などにはその広々とした庭でバーベキューなんかやっている。その周りで、見たこともない遊具で遊ぶ子どもたち。

そのフェンスのこちら側の僕たちは、三畳＋四畳半＋トイレ、風呂無しの母子住宅で、僕の遊び仲間には米兵と日本人との間に生まれた二世が何人もいました。

ここは立川でも、〝砂川《すながわ》〟です。米軍基地の拡張計画に住民が反対した「砂川闘争」で有名なところです。反対派住民と警官隊の大規模な衝突があったのは僕が生まれる直前（一九五七年）まででしたが、運動や裁判はずっと続いていました。

当時の僕はというと、旧友も含めてそんな運動はまったく意識の外で、フェンス越しに友達になった米兵家族の悪ガキたちとツルんで「米領」に侵入し、無修正のポルノ雑誌を漁《あさ》って「日本領」に持ち帰って小遣い稼ぎをしたりしていました。先輩たちは、ベトナム戦争で戦死して空輸されてきた米兵の死体洗い。当時の日本の物価水準では破格のバイト料のおこぼれに与《あずか》っていたり。

米軍基地は騒音が深夜までひどく、時々、軍用機がオーバーランして農家に突っ込むこともありました。事故にあった直後の級友宅へ行った時、自分の背丈以上にえぐれて盛り上がった土塊《どかい》に圧倒された記憶が残っています。

半面、毎年恒例の「基地開き」は、基地の町のガキどもにとって今のディズニーランド級の楽しみでした。器具を身につけて単にロープを滑り降りるだけの模擬パラシュート降下のアトラクションでは、着地点でデカい米兵が受け止めてくれました。父親に飢えていたからでしょうか、その時の恍惚感は今でも忘れられません。

こんなふうに基地の町のガキの僕にとってアメリカは、ちょっと猥雑な古きよき思い出です。

そうこうしているうちに日本政府は拡張計画を断念、一九七七年には米軍基地が全面返還となりました。それが今の巨大な「国営昭和記念公園」です。

こう見ると、砂川闘争は住民運動の勝利みたいに思えますし、事実、東京に点在していた米軍施設は次々に返還されていきました。現在、僕が教鞭を執る東京外国語大学の府中キャンパスも、米軍調布基地（通称、関東村）の跡地です。結局は、遠く離れた沖縄にしわ寄せがいっていただけなのですが、東京在住のふつうの若者であった僕の脳裏からは米軍の存在はフェイドアウトしてゆきました。依然、広大な横田基地があっても、本書で扱う「横田空域」が頭の上にあっても、米軍とは、「そこにあると知ってはいても意識しない存在」になっていくのです。無論、「地位協定」も、です。

時を経て、二〇〇二年。突然、米軍は、僕のすべてを支配する存在になります。二〇〇一年九月一一日の九・一一同時多発テロは、ビンラディン率いる国際テロ組織アルカイダが引き起こしたものでしたが、彼を匿《かくま》っていたということでアメリカの報復攻撃（現代の開戦法規とも言える国連憲章第五一条で認められた個別的自衛権を根拠として）の対象になったのが、当時のアフガニスタンのタリバン政権でした。

そしてそのタリバン政権を倒した後、米軍による「占領統治」に協力すべく、僕は当時の自由民主党小泉政権の命を受けて日本政府の特別顧問としてアフガニスタンに赴くことになったのです。

米軍の支援を受けてタリバンと地上戦を戦ったアフガン人の軍閥をうまく一つにまとめ、民主国家として統一するのが、その「占領統治」の目的です。つまり、ハミッド・カルザイを暫定大統領とした傀儡《かいらい》政権（面識のある彼の手前あまり使いたくない言葉ですが、その通りなので）を樹立するのです。

しかし、タリバンをやっつけた功労者である軍閥は九つもあり、心配されていた通りタリバン政権崩壊後、誰が政権を握るかで仲間割れし内戦化していったのです。そこで、敵対する軍閥の間に割って入り和解させ、彼らが保有する戦車、大砲を含むすべての武器を、新政府の新しい国軍に移管することが最重要任務と認識され、それを日本政府が背負うことになったのです。

任務は完了しましたが、タリバンは力を温存し、戦闘は二〇一七年の今も続行中です。終わる兆しはありません。というか、アフガニスタンで始まった「テロとの戦い」はどんどん拡大し、今では「イスラム国」を象徴的な敵とし、ホーム・グロウンテロ（過激思想に共鳴した者が自分が生まれ育った自国内で起こすテロ）も含めて世界を侵食するものになっています。

アフガニスタンでの戦争は、アメリカの戦争としては建国史上最長のものになってゆきます。二〇〇一年以来、一三年間を経て、二〇一四年末に米・NATO（北大西洋条約機構）軍が、軍事的勝利を挙げられないまま主力戦力を撤退せざるをえなくなった時、その後の「テロとの戦い」の主力はアフガン政府、僕たちが手塩にかけて創設したアフガン国軍にバトンタッチされることになりました。

つまり、傀儡政権があっても米・NATO軍が主力戦力としてテロリストと戦う「戦時」から、アフガン国軍を主力とする「準戦時」への移行です。戦力の「主体」の移行。それによって自動的に確立するアフガニスタンの「軍事の主権」の誕生です。

この移行後にも、米・NATO軍はアフガン国軍への訓練、そしてドローンを中心とする空軍力の温存のために小規模の部隊を駐留させるのですが、その時にアフガン社会を揺るがしたのが「地位協定」の締結問題だったのです。

「戦時」には、米・NATO軍は戦争の「主体」だということで、誤爆、一般家屋への強制捜索や拘束、もう本当にひどいことをやっていたのです。テロリストをやっつけてくれているという理由で、アフガン人は米軍に感謝しなければならないとはいえ、その敵はアフガン社会を住処《すみか》としているのです。度重なる誤爆、誤射による二次被害で、民衆は、どうにもならない怒りに苛《さいな》まれていたのです。

それが、米・NATO軍が「主体」でなくなり、アフガニスタンの「軍事の主権」が確立され、地位協定の交渉が、アフガン政府とアメリカの間で始まります。

ちなみに、アフガニスタンでは、いわゆる「米軍出てゆけ」運動は、あっても非常に小さいものです。米軍なしではテロリストとは戦えないという意識が、その真偽はどうあれ、広く共有されています。しかし、積年の怒りと恨みでしょうか。米軍が引き起こす事故、事件に対して、アフガニスタンの「主権」はどうするのか、という関心が国民の間に共有されていました。

二〇一四年末の米・NATO軍主力戦力撤退が決定されるその一年ほど前から、アフガン議会でも地位協定の内容が盛んに審議され、逐次、現地新聞も報道しました。国際メディアもそうです。

僕もこの「テロとの戦い」の初期に深く関わり、その後も戦況の閉塞を打破するために試行錯誤され始めたタリバンとの政治的な和解工作に関わった手前、注意深く見守っていました。

すると、そこに見えたのは、「気を遣《つか》うアメリカ」だったのです。

アフガニスタンの世論を慮《おもんぱか》り、「裁判権」と「基地の管理権」、そして近年のアメリカの戦争の民営化政策で戦場を支配しつつある「業者」への特権について「譲歩するアメリカ」です。

で、思ったんです。日本はどうなの？　と。

同じく、同時期にアメリカの戦場だったイラクとアメリカの地位協定――第一章で見るように二回目の交渉で決裂しましたが――も追ってゆくと、その思いは決定的になりました。

日本は「戦時」でもなく、アフガニスタンのように「準戦時」でもなく、自衛隊という世界五指に入る優良な通常戦力を持ち、完全な主権が確立した「平時」なのに、何かがおかしい、と。

そして、日米地位協定と同じ「平時」のものであるNATO加盟国同士の地位協定。その中でも特に、日本のように敗戦国であるドイツやイタリアの地位協定。さらに、アメリカと二国間のものでも「平時」のフィリピンの地位協定。これらと比較したくなったのです。

僕は、いわゆる「右」でも「左」でもありませんが、こうやってアメリカが締結する地位協定の国際比較をすると、日本人として単純にある思いに囚われるのです。

主権なき平和は、日本の平和なのか、と――。

本書は、共著者の布施祐仁氏が長時間にわたって僕にインタビューしたものを彼が書き起こし、そして彼独自の緻密な歴史的文献そして海外文献への調査を加え、そこに僕が確認の加筆をするといったプロセスでまとめたものです。それぞれの経験や調査に基づくものや、それぞれの異なる意見については、「筆者（布施／伊勢﨑）」と記しています。

地位協定とは、ある主権国家の中になんらかの事情で異国の軍隊が駐留するという〝異常事態〟を制度化するものです。どんな主権国家にも、その規模に相違はあれ、自らを護《まも》る軍事力と呼べるものがあるはずですから、なぜ異国の軍の駐留が必要なのかという根源的な問題が常につきまといます。つまり、異国の軍隊と、それを受け入れる主権国家の軍事力との関係です。日本の場合は、米軍と自衛隊です。

自衛隊はどうあるべきか。もしくは、その〝地位〟に関して物議のもととなる日本国憲法第九条をどうするかということについて、布施氏と僕とは、必ずしも意見が一致しているわけではありません。この本をまとめるにあたって極めて密度の高い討論が僕たち二人の間で行われましたが、お互いの信念は、それぞれ不変のままです。

ただ、日米地位協定の議論なしには何もはじまらない。この一点の思いは共著を企画する当初の動機であり、そして、それは執筆を進めるにつれてさらに大きくなり、本書が成就することなりました。

また、地位協定に関連する条約や協定の英語原文の翻訳は、すでに和訳文があるものについては参考にさせていただき、僕が監修しました。

主権なき平和国家　目次

米地位協定／在日米軍身柄引き渡しの実態／ドイツが裁判権を放棄する歴史的背景／機密解除で明らかになった日米行政協定交渉と密約／今でも続く日本の裁判権放棄／ドイツの改定交渉と裁判権放棄／アメリカにとって裁判権は最優先事項／裁判権を自動的に放棄させる協定「オランダ・フォーミュラ」／駐留米軍の条件は「最低でもNATO方式」／米軍の特権を「当たり前」と考える日本

第二章　基地管理権

米軍の運用に日本政府の権限が及ばないのは当然なのか

イギリスと日本の事故対応の違い／米軍機墜落事故と日本の警察権／米軍機事故をめぐる秘密の日米合意／イタリアで起きた米軍機によるロープウェー切断事故／駐留米軍の行動を制限するイタリアの基地管理権／在日米軍の低空飛行訓練ルート／日本にはアメリカに合意を守らせる権限がない／オスプレイの運用制限を打診したが……／米軍機墜落事故で改定を求める世論が高まったドイツ／基地の環境汚染調査には米軍の同意が必要／平時なのに治外法権を米軍に与えた日米地位協定／国外での軍事作戦に駐留米軍基地を使うことへの反発／密約で骨抜きにされた事前協議制／「朝鮮国連軍」地位協定／日本が戦争やテロに巻き込まれる前に

第五章　日米地位協定改定案
改定を実現するために何をすべきか

序章

主権にあいまいな国

近ごろ、「憲法改正」が政治の大きなイシューになりつつあります。安倍晋三首相は二〇二〇年に新しい憲法を施行させたいと明言し、自民党は来年（二〇一八年）の通常国会での憲法改正発議を目指しているといいます。

でも、ちょっと待ってください。

国論を二分する改憲論議をする前に、日本国民が力を合わせてやらなければいけないことがあります。

それは、日米地位協定の改定です。

なぜなら、現在の日本は形式的には「独立国」でも、日米地位協定によって主権が大きく損なわれているからです。

主権とは、国家が他国からの干渉を受けずに独自の意思決定を行う権利のことです。主権が損なわれた、つまり、自国のことを自分で決められない国が、どんなに立派な憲法をつくっても、それは「絵に描いた餅」になります。だから、憲法よりも、まずは日米地位協定を変える必要があるのです。日米地位協定を改定し、真の主権を取り戻してこそ、日本は憲法を自らの意思で実行していく力を持つことができます。

第二次世界大戦で連合国に敗れた日本は、戦後GHQ（連合国最高司令官総司令部）の占領下に置かれ、完全に主権を失いました。七年後にサンフランシスコ講和条約が発効し、沖縄、小笠原、奄美を除く本土の占領が終結します。その後、日本は驚異的な復興と経済成長を成し遂げ、「世界第二位の経済大国」となります。二〇一〇年に中国に抜かれて第三位になったとはいえ、現在も世界有数の「経済大国」であるのは事実です。

そんな「大国」である日本が一人前の「主権国家」ではないと言われても、ピンとこないという人も少なくないと思います。

私たちは、そういう人にこそ、この本を読んでもらいたいと思っています。

日米地位協定を他の地位協定と国際比較をすることで、世界有数の「経済大国」というイメージとはまるで似つかぬ日本の「もう一つの姿」が見えてきます。

はっきり言って、この本に書かれている現実は、どれも日本人として気持ちの好いものではありません。しかし、現実を直視しなければ、この国の将来の「あるべき姿」を構想することはできません。日米地位協定の現実に向き合うことは、これから新しい日本をつくっていくための「生みの苦しみ」だと思って、どうか最後まで読んでいただければと思います。

まずは、二〇一六年に沖縄で起こった、ある悲しい事件から始めたいと思います。

在沖米軍属による殺人事件で頂点に達した沖縄の怒り

沖縄本島中部に、恩納岳《おんなだけ》という山があります。かつては首里《しゅり》（琉球王朝時代の首都で、現在は那覇《なは》市首里）からも遠望でき、当時詠《よ》まれた琉歌（沖縄の叙情詩）にもたびたび登場するなど、沖縄の人々に愛されてきました。

しかし、現在は、この山に登ることはできません。山の大部分が、米軍基地（米海兵隊キャンプ・ハンセン）の中だからです。米軍は一九九七年まで、この山で一五五ミリ榴弾砲の実弾砲撃訓練を行っていました。訓練は約二五年の間に一八〇〇回に及び、恩納岳に向けて約四万四〇〇〇発の砲弾が撃ち込まれたといわれています。当時の着弾地は木々が失われ、痛々しいはげ山となっていました。

二〇一六年五月一九日、この近くの雑木林の中で、一人の若い女性の遺体が発見されました。そして、この日、沖縄県警は米軍嘉手納《かでな》基地に勤務する三二歳の「米軍属」のアメリカ人男性を死体遺棄容疑で逮捕しました。

遺体で見つかった女性は、うるま市に住む二〇歳の会社員でした。四月二八日の夜八時ごろ、同居していた交際中の男性のスマートフォンに「ウォーキングしてくる」などとメッセージを送って以降、行方がわからなくなっていました。

米軍属の男性は、警察の取り調べに対し、「背後から女性の頭を棒で殴り、草むらに連れ込んで乱暴した」「首を絞め、ナイフで刺した」「動かなくなった女性を雑木林に捨てた」などと供述したといいます。

米軍基地が集中する沖縄では、第二次世界大戦後こうした事件がくり返されてきました。沖縄県警などの資料によると、一九七二年の本土復帰後だけでも、米軍関係者による殺人や強盗、強姦などの凶悪犯罪が五七八件発生しています（二〇一七年三月末時点）。平均すると、毎月一件を超えるペースで凶悪犯罪が起きてきたことになります。

またもや起きた残忍な事件に、沖縄の人々の怒りは頂点に達します。

六月一九日には、事件に抗議し被害者を追悼する県民大会が開催され、約六万五〇〇〇人が参加（主催者発表）します。大会には、殺害された女性の父親もメッセージを寄せ、「なぜ娘なのか、なぜ殺されなければならなかったのか」「次の被害者を出さないためにも『全基地撤去』『辺野古《へのこ》新基地建設に反対』。県民が一つになれば、可能だと思っています」と、訴えました。

翁長雄志《おながたけし》県知事も参加し、（政治家として女性の命を守れなかったことは）「痛恨の極みであり、大変申し訳なく思っている」と詫《わ》びた上で、「政府は、県民の怒りが限界に達しつつあること、またこれ以上の基地負担に県民の犠牲は許されないことを理解すべき」（「沖縄タイムス」二〇一六年六月二〇日）と力を込めました。

大会では、日米地位協定の抜本改定などとともに、在沖米海兵隊の撤退を要求する決議が採択。沖縄県議会でも史上初めて、「在沖米海兵隊の撤退」を要求事項に盛り込んだ決議が全会一致で採択されました。

これまでも、こうした米軍関係者による事件が起こるたびに、沖縄では日米地位協定の抜本改定を求める声があがりました。ただ、今回の事件で県議会が「在沖米海兵隊の撤退」まで要求するようになるとは、日本政府もアメリカ政府も想定していなかったはずです。このまま何も手を打たなければ、海兵隊は沖縄に居られなくなるかもしれない——とうに限界を超えた沖縄県民の怒りを前に、日米両政府は在沖海兵隊の駐留を維持するために何らかの対応を迫られます。

県民大会が開かれた四日後の六月二三日、「沖縄全戦没者追悼式」に参列するために沖縄を訪れた安倍晋三首相は、「今回の事件で逮捕された容疑者のような人物が、軍属という形で地位協定によって保護されているのはおかしい」と述べ、アメリカと地位協定上の軍属の扱いの見直しを行うことで合意し、詰めの交渉を行っていることを明らかにしました。

今回の事件の容疑者は、米軍嘉手納基地内のインターネット関連会社に勤務していました。これについては、アメリカ国防総省の報道官も同容疑者が逮捕された直後に、「日米地位協定上の地位が与えられるべきではなかった」とコメントしていました。

そして、日米両政府は翌二〇一七年の一月一六日、「日米地位協定の軍属に関する補足協定」に署名します。

在日米軍の軍属の範囲はあいまいで広い

「この補足協定は、これまでの運用改善とは一線を画する画期的なものだ」

東京都港区麻布台にある外務省の「飯倉公館」で行われた署名式で、岸田文雄外務大臣はキャロライン・ケネディ駐日大使らアメリカ側代表を前に、こうあいさつしました。

岸田外相が「画期的」と讃《たた》えたこの補足協定で、いったい何がこれまでと変わったのでしょうか。岸田氏は、次のようにその意義を強調しました。

この補足協定の下で、軍属の範囲が明確化され、（中略）在日米軍の軍属に対する管理・監督が一層強化されることによって、軍属による事件・事故の再発防止につながることを期待します（「日米地位協定の軍属に関する補足協定の署名式における岸田外務大臣挨拶」二〇一七年一月一六日）

つまり、これまではっきりしていなかった「軍属」の範囲を、補足協定によって「明確化」したというわけです。

軍属とは、一般的に、軍に所属しているけれど軍人ではない人のことを指します。戦前の日本軍にも、軍人の他に、文官や技術官、法官、通訳官などの軍属が多くいました。

日本に駐留する米軍（在日米軍）でも、たくさんの軍属の人たちが働いています。その人たちには日米地位協定が適用され、さまざまな面で特権が与えられています。

特権を与える対象者の範囲がはっきり決まっていないとしたら、主権国家としては、かなりまずい状況だと言えます。そのまずい状況が、日本ではほとんど注目されることもなく、ずっと放置されてきたのです。

この異常さは、他の地位協定と比較すると、いっそう鮮明になります。

たとえば、ドイツやイタリアなどに米軍が駐留する根拠となっている北大西洋条約機構（NATO）の地位協定では、軍属を「締約国の軍隊に随伴する文民で、その締約国の軍隊に雇用されている者」（第一条）と明確に定義しています。

つまり、軍隊に勤務し、軍隊に雇用されている者を軍属と定義しているのです。

一方、日米地位協定における軍属の定義は、こうです。

●日米地位協定　第一条(b)

「軍属」とは、合衆国の国籍を有する文民で日本国にある合衆国軍隊に雇用され、これに勤務し、又はこれに随伴するもの（通常日本国に居住する者及び第十四条1に掲げる者を除く。）をいう。（日米地位協定とその関連文書は外務省ホームページ「在日米軍関連」で閲覧可）

ぱっと読むとＮＡＴＯ地位協定と同じ定義のようにも見えますが、これは「似て非なるもの」です。

次のように整理すると、どこが違うかわかると思います。

・ＮＡＴＯ地位協定の場合＝軍隊に、随伴する＋雇用される者

・日米地位協定の場合＝軍隊に、雇用される or 勤務する or 随伴する者

これを表したのが下の図です。ＮＡＴＯ地位協定では、軍隊に随伴するだけでなく雇用されていなければ軍属にはなりません。他方、日米地位協定では、米軍に雇用されていなくても、米軍に「勤務する者」や「随伴する者」であれば軍属になりうるのです。

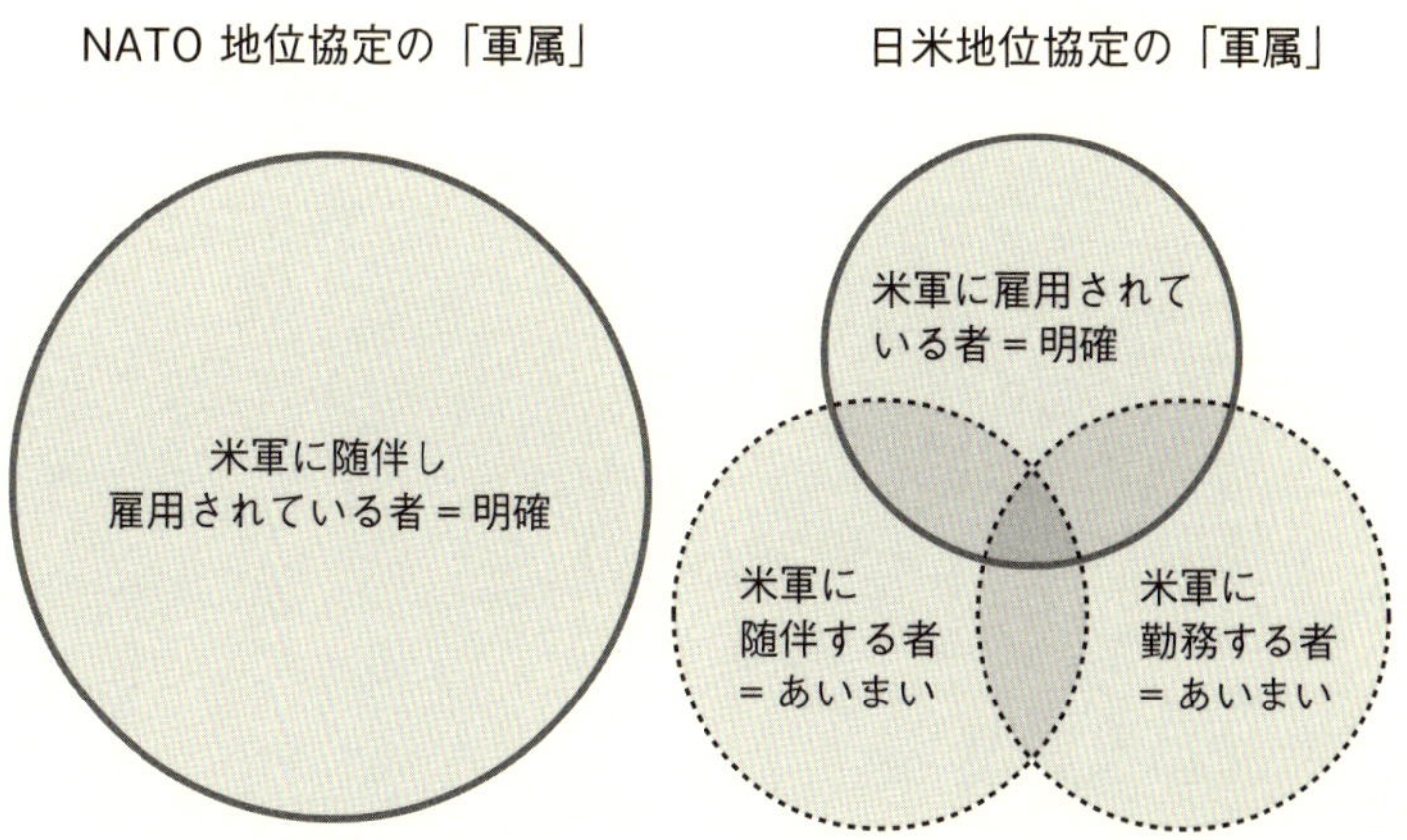

これは、非常に大きな違いです。「雇用される」とは、米軍と個人が直接的な契約関係にあり、米軍がその個人に対して懲罰等の監督責任を負うことを意味します。NATO地位協定では、これが軍属のすべてです。

ところが、日米地位協定では、雇用関係がなく、米軍が業務上の監督責任を完全に負えない個人まで軍属に含むことが可能な規定となっています。一つの民間業者が米軍と業務請負契約をしたら、その従業員は米軍基地内に「勤務」しますが、この個人に対して直接の監督責任を持つのは米軍ではなくその業者です。

このように、米軍の監督責任が完全に及ばない個人にまで軍属としての免責特権を与えるというのは、NATO地位協定ではありえないことです。

外務省が一九八三年に作成した「日米地位協定の考え方 増補版」という部内向けの「秘密マニュアル」(無期限「秘」指定の機密文書ですが、沖縄の琉球新報社が独自入手し、二〇〇四年に全文公開しました。その全文は琉球新報社編『外務省機密文書 日米地位協定の考え方・増補版』として高文研より出版されています)には、軍属の定義について、次のように記されています。

ナト〔筆者注：NATO〕地位協定では、軍属は、締約国の軍隊に随伴する文民であってかつその締約国の軍隊に雇用されているものでなければならない旨規定されている（第一条1項(b)）ので、日米地位協定の場合より相当狭くなつている（中略）いずれにしろ、いかなるものが日米地位協定上の軍属に該当するかにつきあらかじめ一般的基準を設けることは困難である（特に「勤務」、「随伴」の判定が難しい。）ので具体的ケースに当たつて合理的に判断して行くほかない。

外務省も、NATO地位協定の軍属の範囲は、日米地位協定より「相当狭くなっている」と認めているのです。さらに、日米地位協定は軍属の定義があいまいなので、NATO地位協定と比べて、その範囲を相当幅広く解釈できることまで明確に自覚しているのです。

補足協定でもあいまいさが残る在日米軍属

岸田外相が「画期的」と讃えたのは、単なる実務者レベルでの「運用改善」ではなく、政府間の「国際約束」として法的拘束力を持つ補足協定となったことでした。

しかし、重要なのは協定の中身です。この補足協定で、軍属の範囲はどのように「厳格化」されたのでしょうか。

実は、補足協定には、その具体的な範囲は書いてありません。具体的な範囲については、日米合同委員会（この組織については、後で詳しく説明します）で認定基準を作成し、その基準に基づいてアメリカ政府が認定するとしています。

補足協定が締結されたのと同じ日に日米合同委員会が開かれ、次の八つの「カテゴリー」の者を軍属と認定することを決めました。

①予算上の資金により雇用される在日米軍の文民の被用者。
②在日米軍の監督下にある歳出外資金により雇用される文民の被用者。
③合衆国軍隊が運航する船舶及び航空機の文民の被用者（地位協定第一七条の適用に当たってのみ、一定の期間合衆国軍隊の使用に供される船舶であって契約により運航されるもの、定期用船契約により運航されるもの及び一般業務委託契約により運航されるものの乗組員を含む。）。
④在日米軍に随伴し、及びこれを直接支援するサービス機関（合衆国サービス機関及び米国赤十字等を含む。）の人員であって合衆国軍隊に関連する公の目的のためにのみ日本に滞在している人員。
⑤合衆国軍隊に関連する公の目的のためにのみ日本に滞在している合衆国軍隊に雇用されていない合衆国政府の被用者。
⑥次の要件を満たすコントラクターの被用者。
・合衆国政府の正式な招請により、また、合衆国軍隊に関連する公の目的のためにのみ日本

に滞在しているコントラクターの被用者。
・合衆国軍隊の任務にとって不可欠であり、かつ、任務の遂行のために必要な高度な技能又は知識を有しているコントラクターの被用者。
⑦地位協定第二〇条二の規定に従い維持される軍用銀行施設を運用する被用者。
⑧合同委員会によって特に認められる者

つまり、これまでは漠然と「米軍に雇用されるor勤務するor随伴する者」としていたものを、より細かく基準を決めたというわけです。

ポイントは、⑥の「コントラクターの被用者」です。

「コントラクター」とは、米軍が契約を結んでいる民間業者とその従業員のことです。

米軍基地内では、軍の情報通信システムなどを扱う高度な技術を持つ業者から、スーパーマーケットや飲食店などを運営する業者まで、多くのコントラクターが働いています。しかしこれまでは、コントラクターのどこまでを地位協定上の「軍属」にするかという基準がはっきりしていませんでした。

今回の補足協定とそれにともなう合同委員会合意により、前者は軍属だけど、後者は軍属にはならないということになりました。この基準でいくと、沖縄の女性暴行殺害事件の容疑者の男性は、軍属からは外れます。

その意味では、これまでよりは軍属の範囲を限定することになりそうですが、米軍に雇用されている人のみを軍属としているNATO地位協定と比べれば、引き続き、より広い範囲の人たちに日米地位協定による特権を与えています。

戦争の民営化で拡大するコントラクターの役割

NATO以外の地位協定では、軍属の定義はどうなっているでしょうか。

フィリピンはアメリカの同盟国（一九五一年に「米比相互防衛条約」を締結）ですが、一九九一年に上院が基地協定の延長を否決したため米軍基地は撤去されました。しかし、その後も、米軍はフィリピン国軍との共同訓練やミンダナオ島での「対テロ戦」支援などを理由に部隊を派遣しており、一九九八年に米比両国は「訪問軍協定（VFA）」を結んでいます。

この協定は、軍属の定義を「米軍に雇用されている者または米軍に随伴する者」と定めています。「米軍に雇用されている者」のほかに「随伴する者」を加えている点は日米地位協定と同じですが、後者について「米国赤十字社やアメリカサービス機関（USO）などの被用者」と協定に明記しており、その範囲は明確です。日本のように、「コントラクター」までは含めていません。

このVFAをベースに二〇一四年に新たに締結された米比防衛協力強化協定では、「コントラクター」は、「軍人にも軍属にも含まれない」と明確に規定されています。（第二条三項）

一方で、「日米地位協定の軍属に関する補足協定」は、冒頭で「軍属が担う不可欠な役割」を強調しています。「不可欠な役割」を担っているから、地位協定でその地位を保護する必要があるのだというメッセージを込めたのでしょう。

確かに、米軍の中で、軍属やコントラクターの役割は以前とは比較にならないくらい大きくなっています。いわゆる「戦争の民営化」です。以前から非軍事的な分野でのアウトソーシングはありましたが、近年は「民間軍事会社（ＰＭＣ）」が登場し、軍事的な分野までアウトソーシングするようになっています。また、兵器や情報通信システムのハイテク化により民間企業の技術者の協力なしには軍を運用できなくなっているのです。

象徴的なのはアフガニスタンです。

アメリカは、二〇〇一年九月一一日のアメリカ中枢同時テロ以降、アフガニスタンが国際テロ組織アルカイダの活動拠点になっているとして「不朽の自由作戦」と称する対テロ軍事作戦を開始します。アメリカが主導する有志連合がタリバン政権を倒した後は、国連安全保障理事会決議に基づいて「国際治安支援部隊（ＩＳＡＦ）」が設立され、米軍を中心とするＮＡＴＯ軍が治安維持活動を行ってきました。

この活動の最大の特徴は、軍人よりも多い人数のコントラクターが関与していたことです。米軍の発表によれば、二〇一二年初旬のピーク時で約八万八〇〇〇人の米兵を超える一一万七〇〇〇人以上のコントラクターがアフガニスタン駐留米軍で働き、そのうち約二三％は軍を補完する治安業務に就いていたといいます。米軍は、軍の補給物資を運ぶ車列の警護や重要施設の警備などもPMCに外注し、兵力の不足を補っていたのです。

ISAFの活動は二〇一四年末で終了しましたが、米軍はその後も「自由の歩哨作戦」と称してアフガニスタン治安部隊への支援や「アルカイダの残党」に対する対テロ作戦を継続しています。二〇一六年初旬、同国に駐留する米兵の数が約九〇〇〇人であったのに対して、コントラクターは約二万九〇〇〇人となっています。これが「戦争の民営化」の実態です。

コントラクターの免責特権を廃止したアフガニスタンとイラク

アメリカは二〇一四年、アフガニスタンと地位協定（正式名称は「米・アフガニスタン二国間安全保障協定」）を締結しました（同時に、NATOもアフガニスタンと「地位協定」を締結）。この協定でも、軍属はNATO地位協定などと同様、「アメリカ国防総省に雇用されている者で米軍構成員ではない者」と明確に定義しています。その上で、コントラクターについては裁判権に関する条項で次のように規定しています。

●米・アフガニスタン二国間安全保障協定　第一三条六項

アフガニスタンは、アメリカの契約業者およびその従業員に対する裁判権を有し、それを保守する。（伊勢崎賢治監修訳、条文訳は以下同）

アフガニスタンでは、現に米軍が作戦を展開していて、そこで万単位のコントラクターが働いており、米軍と一体となって最重要業務を担っているのです。それでも、コントラクターには刑事免責特権を認めず、アフガニスタン側がすべての裁判権を持つと明記しているのです。ちなみに、この協定では、すべてのコントラクターに、アフガン国内法に基づく会社登録を義務付けています。（第二条二項）

この協定が発効する以前は、二〇〇一年一二月にアフガニスタンの暫定政府とＩＳＡＦとの間で結ばれた「軍事技術協定」によって、ＩＳＡＦの軍事要員だけでなく、それを支援するコントラクターもアフガニスタンの刑事訴追から完全に免責されていました。

コントラクターであるＰＭＣの〝傭兵〟による市民の殺害や虐待がたびたび問題となり、アフガニスタン大統領が「アフガニスタンの治安が安定しないのは、ＰＭＣのせいだ」としてすべてのＰＭＣに解散を命じる大統領令を出したこともありました。

米軍・ＩＳＡＦによる戦闘任務終了後に軍事技術協定から地位協定に切り替える交渉でアフガニスタン政府が強く主張したのは、コントラクターだけでなく米・ＮＡＴＯ軍隊要員の刑事免責特権を廃止することでした。

地位協定の交渉で、最も論争となったのはこの点でした。米・ＮＡＴＯ軍が主力として「対テロ戦」を行う「戦時」ならともかく、治安維持の主力がアフガニスタン軍・警察に移行した後は、アフガニスタンの法律や刑事司法手続きに従うべきだというのがアフガニスタン側の主張でした。

最終的には、アメリカ側が「免責特権を認めなければ米軍を完全撤退させる」と強硬姿勢に出たため、軍人の免責特権は維持されましたが、ＰＭＣなどコントラクターについてはアフガニスタン側が刑事裁判権を持つことになったのです。

コントラクターに対する刑事裁判権は、ある事件を契機にイラクでも大きな問題となりました。

二〇〇七年九月一六日、イラクの首都バグダッドで車列を警護していたアメリカのＰＭＣ「ブラックウォーター」社の社員が銃を乱射して、九歳と一一歳の少年を含む一四人のイラクの民間人を殺害、二〇人以上を負傷させたのです。

イラクでも当時、イラク暫定政府と多国籍軍との間で結ばれた軍事業務協定（正式には、占領期間中に連合国暫定当局〈ＣＰＡ〉が発した「ＣＰＡ令第一七号改正」が、イラクへの主権移譲後も暫定的に多国籍軍に適用された）によって、多国籍軍の軍人だけでなく、ＰＭＣを含むコントラクターにも免責特権が与えられていました。

民間企業の従業員が首都中心部の街中で銃を乱射し、一四人ものイラクの民間人を殺しておきながら、裁判にもかけられないのでは、イラクの人々は当然納得しません。国民の怒りを背景にイラク政府はコントラクターへの免責特権の廃止を要求し、二〇〇八年一一月に締結された「地位協定」（正式名称は「イラクからの米軍の撤退と米軍の一時的駐留期間の活動に関する協定」）でそれは実現します。

この協定では、米軍人や軍属が「（米軍の）施設外あるいは公務外で、重大かつ計画的な重罪」を犯した場合は、イラク側が刑事裁判権を行使できるようになり、米軍の免責特権は一部縮小されました。それでも、「協定はイラクの主権を侵害し、占領を永続化するもの」などと強い批判が国民から浴びせられ、バグダッド市内で行われた抗議のデモには一万人を超える市民が参加しました。

この三年後の二〇一一年、アメリカは米軍駐留延長のための新たな地位協定を締結するためにイラクと交渉しましたが、刑事免責の問題で合意に至らず完全撤退に追い込まれます。この話は、第一章で詳しく述べます。

米軍に世界で最も寛大な日米地位協定

このように、世界では、外国軍隊の駐留にともなう刑事免責特権は、地位協定が生み出す問題の中でも最もセンシティブなものと捉えられています。なぜなら、それは主権の根幹にかかわる問題だからです。

通常は、外国軍隊の駐留を受け入れる国（受入国）は、刑事免責の対象を厳密に定めるように軍隊の派遣国に求めます。日本政府のように、「軍属」の定義があいまいだと認識しながら、それをずっと放置するなど、他の国では考えられないことです。しかし、この異常さに気づき、日米地位協定改定に動いた日本の政治家は、これまでほとんどいませんでした。

自民党の石破茂・元防衛相はかつて、日米地位協定をテーマに開かれたシンポジウムでこう発言しています。

地位協定本文はかなり曖昧に書いてある。曖昧に書いてあることが我が方にとって得な部分もある。曖昧だからこそ、運用の改善でいけることが沢山あるからだ。（二〇〇五年一二月二二日、渉外知事会主催「日米地位協定シンポジウム」）

しかし、あいまいに書いてある結果、米軍と雇用関係のないコントラクターにまで刑事免責特権を与える、世界で最も「寛大な」運用をしてきたのです。

先ほど述べたように、雇用関係のないコントラクターには米軍の監督責任は完全には及びません。米陸軍の「作戦法規便覧」（二〇一五年版）も、コントラクターは「指揮系統で軍人の直接的監督下にない」と明記しています。コントラクターが責任を負うのは、彼らを直接雇用している企業に対してであり、国防総省はその企業との契約内容に従業員が米軍の訓令や指揮官の指令などに従うよう要求する条項を入れるべきだとしています。ただ、たとえ契約にそのような条項が入ったとしても、それを守らなかったコントラクターに対して米軍が直接処罰したりすることはできません。

そのようなコントラクターにまで刑事免責特権を与えるということは、NATOをはじめ、他の多くの地位協定ではありえないことです。それでは筋が通らないからです。

沖縄の事件をきっかけにした今回の補足協定締結は、この筋の通らない日米地位協定のあいまいな規定と寛大な運用を抜本的に見直す契機にすべきでした。ところが、その範囲を制限するだけで、引き続きコントラクターも軍属に含めてしまったのです。

ドイツに駐留するNATO軍（大半は米軍）の地位について定めたNATO地位協定の補足協定にも、技術上の専門家としてもっぱらNATO軍のために勤務するコントラクターを軍属とみなすとの条項があります。これは、軍属の範囲を米軍に雇用されている者に限定しているNATO地位協定と矛盾しますが、あくまで「例外」として特権を認めているのです。

しかし、日本の場合はドイツとまったく逆です。地位協定の本文だけではあまりにも広い範囲のコントラクターが軍属に含まれるので、補足協定で範囲を限定しましょうというのが、日米地位協定です。基本となる地位協定で、原則としてコントラクターに特権を認めるのか、それとも認めないのか――この違いは大きいのです。

日米地位協定は、この点で見れば、世界で最もアメリカにとって有利な地位協定と言ってもよいでしょう。

ジブチとの地位協定で日本も「加害国」に

日本は戦後ずっと、地位協定によって外国の軍隊（米軍）に特権を与える側でした。

これまで見てきたように、米軍が指揮監督権を持たないコントラクターにまで地位協定を適用するなど、他の米軍受入国と比べても極めて寛大な特権を与えてきました。そして、沖縄県民をはじめ米軍基地のある地域の住民は、この地位協定によってさまざまな「被害」を受けてきたのです。

しかし、日本は今、地位協定の「加害国」になりつつあります。地位協定の問題を考えるに当たっては、このことも取り上げなければフェアではありません。

日本政府は二〇〇九年四月、アフリカ北東部のジブチ共和国と「地位協定」（正確には「協定」ではなく「交換公文」という形式）を結びました。これは、ジブチに駐留する自衛隊や自衛隊員の法的地位について定めたものです。

ジブチは、スエズ運河の南東に位置するアデン湾に面しています。この海域はアジアとヨーロッパを結ぶ主要な海上交通路となっており、全世界のコンテナ貨物の約一三%が通過する大動脈です。ここで二〇〇八年ごろから、ソマリアの海賊が商船などを襲撃する事件が急増しました。

そのため欧米をはじめ世界各国が、民間船舶を護衛し海賊を取り締まるために軍艦を派遣しました。

日本も二〇〇九年三月から、海上自衛隊の護衛艦二隻を派遣しました。同年五月には海上自衛隊のP3C哨戒機二機も派遣して、空からの警戒監視活動も開始しました。P3C哨戒機の派遣にともない、日本はジブチからジブチ国際空港の隣接地に一二ヘクタールの土地を借りて、自衛隊の基地（日本政府の呼称は「活動拠点」）を設置しました。自衛隊をジブチに駐留させるために、日本政府はジブチ政府と自衛隊の法的地位に関する交換公文を交わしたのです。

日本政府が外国と結んだ二国間の「地位協定」は、一九九四年の「ルワンダ難民救援活動」でザイール政府と、二〇〇三年から〇九年までの「イラク復興支援活動」でクウェート政府と結んだのに続いて、ジブチが三例目です。

日本とジブチの「地位協定」については、後に民主党政権で防衛大臣となる森本敏氏（当時は拓殖大学海外事情研究所所長・同大学院教授）が、国会での参考人意見陳述で次のように評価しました。

思えば、日本の戦後の自衛隊の活動で、ホスト国とのこの種の地位に関する交換公文、協定を結んで統合部隊〔筆者注：海上自衛隊と陸上自衛隊の部隊を統合させた部隊〕を展開させる言わば初めてのケースであり、これは今後の日本の自衛隊の海外における活動の非常に良い例といいますか、になりつつあるんだなということを強く感じるわけであります。特に、この交換公文の中で、すべての刑事裁判権を日本側にゆだねているという、大変日本に有利な地位協定の内容になっていることに私は一種の感慨を覚えるものです。

日米地位協定というのは、御承知のとおり、いわゆる在日米軍が日本でいろいろな刑事事件にかかわった場合の裁判権については、双方が争うケースの場合、原則として公務執行中の作為若しくは不作為によるものについてはアメリカが第一次裁判権を持っていますが、それ以外については日本側が、ホスト国が持っているわけで、今回のこの交換公文によって日本側が刑事裁判権のすべてを責任を負うという形になっていること自身が、日本の自衛隊が特にこのホスト国によって大変重く扱われているということの証拠ではないかと考えます。（二〇〇九年六月一六日、参議院外交防衛委員会）

ジブチの自衛隊基地

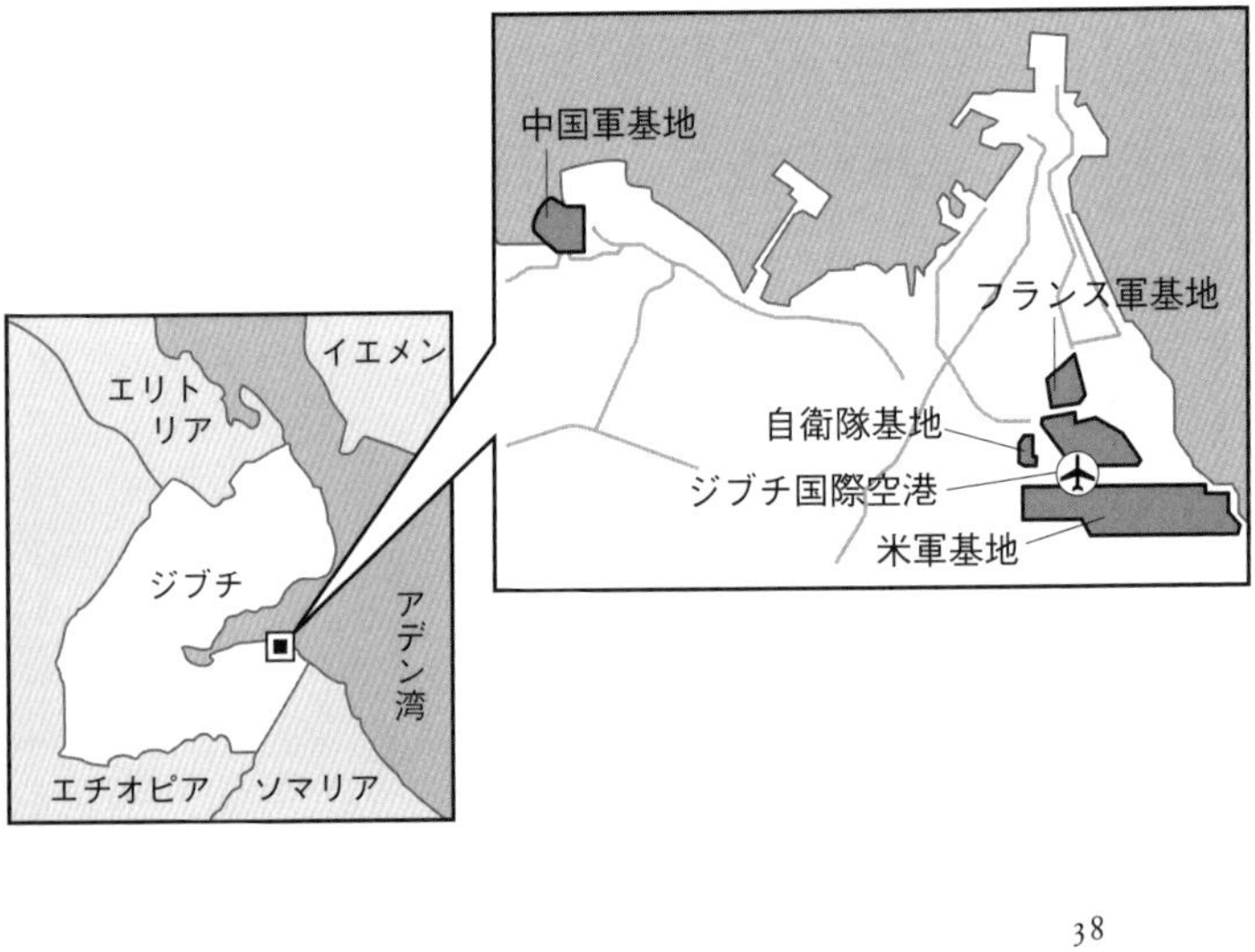

森本氏が述べているように、この地位協定では、自衛隊・自衛隊員が現地で起こしたすべての事件について、ジブチの刑事裁判権から免責されるとされています。

一方、日米地位協定では、日本で事件を起こした米軍関係者が日本の刑事裁判権から免責されるのは、地位協定の条文上は公務中の事件に限られます（しかし、運用の実態は、公務外の事件についても日本側が刑事裁判権を行使しているのは僅かです。これについては第一章で詳しく述べます）。

このことから、ジブチと交わした地位協定は日米地位協定と比べても日本側に有利な内容になっていると、森本氏は感慨深げに語っているのです。

しかし、これはジブチの側から見れば、非常に不利な内容といえます。不利どころか、まさに治外法権そのものです。沖縄の人たちはよく日米地位協定のことを「不平等な」と形容しますが、ジブチの人たちからすれば、これこそ不平等な取り決めでしょう。

森本氏はこのことを「日本の自衛隊が特にこのホスト国（ジブチ）によって大変重く扱われているということの証拠ではないかと考えます」と語っていますが、これは大きな誤解です。

実は、自衛隊がジブチの刑事裁判権から完全に免責されるこの取り決めは、日本が交渉して獲得したものではなく、先にフランスがジブチと結んだ取り決めにならったものなのです。

ジブチは一九七七年に独立するまでフランスの植民地でした。独立後も両国は防衛協定を締結し、フランス軍はジブチに基地を置き駐留を続けました。そして、両国の合意により、フランス軍の兵士は植民地時代と同様にジブチの刑事裁判権から完全に免責されることになったのです。

政府が同意したとしても、ジブチ国民にとっては、この特権は「植民地時代の悪《あ》しき慣習の残滓《ざんし》」とも言うべきものでしょう。これをそのままコピーしたのが、日本とジブチの「地位協定」というわけです。森本氏の言うような、ジブチ政府が自衛隊を特に重く扱っていることの証拠では、決してありません。

外国軍隊の刑事裁判権は主権の根幹にかかわる

ちなみに、日本も一九五二年四月二八日にサンフランシスコ講和条約が発効し主権を回復した（ただし、沖縄・奄美諸島・小笠原諸島は本土から切り離され、引き続きアメリカの施政権下に置かれた）後も、アメリカと締結した日米安全保障条約と行政協定によって米軍が駐留を継続しました。この当時の米軍関係者の法的地位は、現在のジブチのフランス兵や自衛隊員と同じく、公務中か公務外かにかかわらず受入国（日本）の刑事裁判権から完全に免責されていました。

当時の日本でも、「占領の継続ではないか」と強い批判が国民からわき起こりました。当時、外務省の条約局長としてアメリカとの交渉に当たった西村熊雄氏は、「交渉当事者としてはなはだ不本意なところであった。議会と世論は最も強い不満と非難の声をあげた。占領時代の苦い経験からしてムリもない」（「世界週報」一九五九年四月一一日）と後に振り返っています。

当時の国会会議録には、野党改進党の青年代議士であった中曽根康弘氏が、衆議院の予算委員会で吉田茂内閣を厳しく追及した記録が残っています。

今後の協定によりますと、軍人、軍属、家族の私用中の問題についても、日本は裁判管轄権を及ぼし得ないということになっておるので、これは安政和親条約以下であります。このような不平等条約をわれわれが黙認して承認するとすれば、われわれは再び明治年代の条約改正運動の方に進まなければならぬのであります。このような重大な問題を予算委員会において今まで討議して来たのにもかかわらず、岡崎及び吉田両国務大臣は口を緘《かん》して語らない、これが独善秘密外交、吉田内閣の特色であるのであります。（一九五二年二月二六日、衆議院予算委員会）

中曽根氏は、米軍関係者が公務外で起こした事件についても日本が刑事裁判権を行使できないというのでは、連合国軍による占領時代と変わらないばかりか、江戸時代末期（一八五四年）に幕府がアメリカと締結した「日米和親条約」以下だと切り捨てています。アメリカが黒船の「砲艦外交」で江戸幕府に調印させた和親条約も、日本にいるすべてのアメリカ国民は日本で裁かれることも、拘禁されることもないと定めていました。

吉田内閣は、このような重大な取り決めを、国会の承認を得ずに政府間の合意だけで通す「行政協定」として結ぼうとしていました。中曽根氏は、これを黙認しようとする与党・自由党の国会議員に対しても「自由党はアメリカの代理店であってはならない」（前掲）と強く批判します。

日本の国会はアメリカの大政翼賛会化しようとしておるではないか。日本の国会は断じてアメリカの翼賛議会ではない。それを復活させんとしておるのが現在の自由党の諸君であって、これは日本民族独立の危機である。日本の憲政の危機である。（前掲）

中曽根氏と言えば、後に自民党総裁・首相となり、「日米は運命共同体」「日本列島は（アメリカの）不沈空母だ」と発言するなど日米同盟の強化にとりわけ力を入れたことで知られています。その中曽根氏が、野党時代とはいえ、「日本民族独立の危機」とまで言ったのです。それくらい、外国軍隊に対する刑事裁判権の問題は、国家の独立、つまり主権の根幹にかかわる問題だと認識されていたということです。

主権に鈍感になった日本の危うさ

この時から五〇年以上が経ち、今度は日本が自衛隊を海外に駐留させ、まるで植民地や占領時代であるかのような完全な免責特権を獲得するようになっているのです。このことを、受入国（ジブチ）の人々にとっては独立や主権の根幹にかかわる問題だと認識している政治家や国民が、はたしてどれだけいるでしょうか。

冒頭で述べた軍属とコントラクターの例に象徴されるように、日本政府はこの六〇年余、他のアメリカの同盟国と比較しても極めて寛大な特権を米軍に認めてきました。政府だけでなく、国会議員も国民もこの状況に慣れきってしまい、日米地位協定によって日本の主権が侵害されているという意識を失ってしまったのではないでしょうか。

米軍の指揮監督権が及ばないコントラクターにまで特権を認め続ける補足協定を政府が「画期的」と言って締結しても、ほとんど批判する声が聞かれないのは、そのことを示しているようにみえます。

国内で自国の主権に対するセンシビリティー（敏感さ）がない国が外国に軍隊を派遣した場合、受入国の主権に対するセンシビリティーが欠如するのはいわば〝必然〟なのかもしれません。その意味で、日本に駐留する米軍に特権を与えるための日米地位協定と、ジブチに駐留する自衛隊の特権を確保するための「日・ジブチ地位協定」は、コインの表裏の関係にあると言えます。

米軍基地があるがゆえの事件・事故がくり返される沖縄では、日米地位協定は不平等だとして改正を求める声が強くあります。米軍基地がある一五都道府県の知事でつくる「渉外知事会」

も地位協定の抜本改定を要求しています。しかし、アメリカに対して日米地位協定をより対等にするよう求めながら、自衛隊が駐留する外国とは、もっと不平等な地位協定を結んでいては、「ダブルスタンダード」と批判されても仕方がありません。

　自国に外国の軍隊を受け入れることも、外国に自国の軍隊を駐留させることも、いずれも国家の「主権」にかかわる厳粛な問題であると認識するところから、地位協定に関する議論を始めたいと思います。

第一章

刑事裁判権

政府が言う「日本が韓国やドイツより有利」というのは本当か

日米地位協定の締結

日米地位協定は、正式名称を「日本国とアメリカ合衆国との間の相互協力及び安全保障条約第六条に基づく施設及び区域並びに日本国における合衆国軍隊の地位に関する協定」といいます。

一九六〇年一月一九日、アメリカの首都ワシントンで、日米安保条約と同時に署名されました。日本側は、岸信介首相を筆頭に五人の全権（政府を代表して外交を行い、条約に署名する権限を付与された者）が署名したのに対し、アメリカ側は大統領ではなく、ハーター国務長官を筆頭に三人の全権が署名しました。

同年の通常国会は、この二つの国際条約の承認をめぐって紛糾しました。国会最終盤には、条約の承認を阻止しようと、連日一〇万人を超える規模の市民や学生が国会議事堂を取り囲みました。政府・与党は条約の承認案を強行成立させますが、岸信介首相は混乱の責任をとって内閣総辞職をします。日米安保条約と日米地位協定は同年六月二三日に批准書が交わされ、即日発効します。

現在、日本国内には一二八の米軍基地や米軍の訓練空・海域があります（日米共同使用も含む）。主要なものとしては、極東最大の米空軍基地である嘉手納基地（沖縄県）や米海軍第七艦隊の本拠地となっている横須賀基地（神奈川県）、在日米軍司令部のある横田基地（東京都）などが有名ですが、そのほか大小さまざまな基地が置かれています。

あまり知られていませんが、日本の政治・経済の中枢である東京二三区にも、港区の六本木に「赤坂プレスセンター」、同じく港区の南麻布に「ニューサンノー米軍センター」といった〝米軍基地〟があります。

これらの基地は、すべて日本がアメリカに提供しているものです。その根拠となっているのが、日米安保条約と日米地位協定です。

日米安保条約第六条は、アメリカは日本の安全と極東の平和を維持するために、日本に米軍基地を置くことができると定めています。そして、基地提供の手続きや使用のあり方、在日米軍の地位などは、「別個の協定及び合意される他の取極により規律される」としています。（全文は外務省ホームページ「日米安全保障体制」で閲覧可）

この「別個の協定」が、日米地位協定です。

在日米軍に与えられた特権とは

日米地位協定を一言で表現するならば、「日本で活動する米軍にさまざまな特権を認める協定」と言えるでしょう。

日本は独立した主権国家です。そして、法治国家でもあります。日本国内には日本の法令が適用されます。それに一種の「例外」を設け、米軍やその関係者に特別な権利を与えているのが日米地位協定です。

全二八条で構成される日米地位協定は、主に次のような「特権」を米軍に与えています。

○日本のどこにでも施設・区域の提供を求める権利（二条）
○提供された施設・区域内ですべての管理権を行使する権利（三条）
○施設・区域を返還する際、原状回復・補償の義務を免除される権利（四条）
○米軍の船舶・航空機が日本に出入りする権利、日本国内を自由に移動する権利（五条）
○日本の公共サービスを優先的に利用する権利（七条）
○米兵・軍属・家族が日本に出入国する権利。米兵について入国審査を免除される権利（九条）
○関税・税関検査を免除される権利（一一条）
○課税を免除される権利（一三条）

○公務執行中の刑事事件についてアメリカ側が優先的に裁判権を行使する権利。日本の捜査機関による身柄の拘禁から免除される権利（一七条）
○損害補償、民事裁判権に関するさまざまな免除を受ける権利（一八条）

日米地位協定の大きな特徴は、序章で述べた軍属の範囲に関する規定が象徴的ですが、非常にあいまいに書かれているという点です。

その解釈や運用の詳細については、「日米合同委員会」という機関で決められています。

日米地位協定第二五条は、「この協定の実施に関して相互間の協議を必要とするすべての事項」に関する日米両政府の協議機関として、「合同委員会」を設置するとしています。

合同委員会の日本側代表は外務省の北米局長が、アメリカ側代表は在日米軍司令部の副司令官が務めています。実質的な協議は合同委員会の下に設けられた三五以上の「分科委員会」や「部会」で行われ、最終的に合同委員会で「合意事項」として承認される形になっています。

問題は、この合同委員会で協議された内容や合意された事項が、日米双方の合意がない限り非公表とされていることです。合同委員会の議事録を、情報公開法に基づき開示請求をしても、ほぼ一〇〇％不開示となります。

合同委員会がまったくの〝ブラックボックス〟になっているため、この本でこれから明らかにしていく日米地位協定の「本当の姿」は、国会議員も含めて大多数の国民の目から隠されて

日米合同委員会組織図

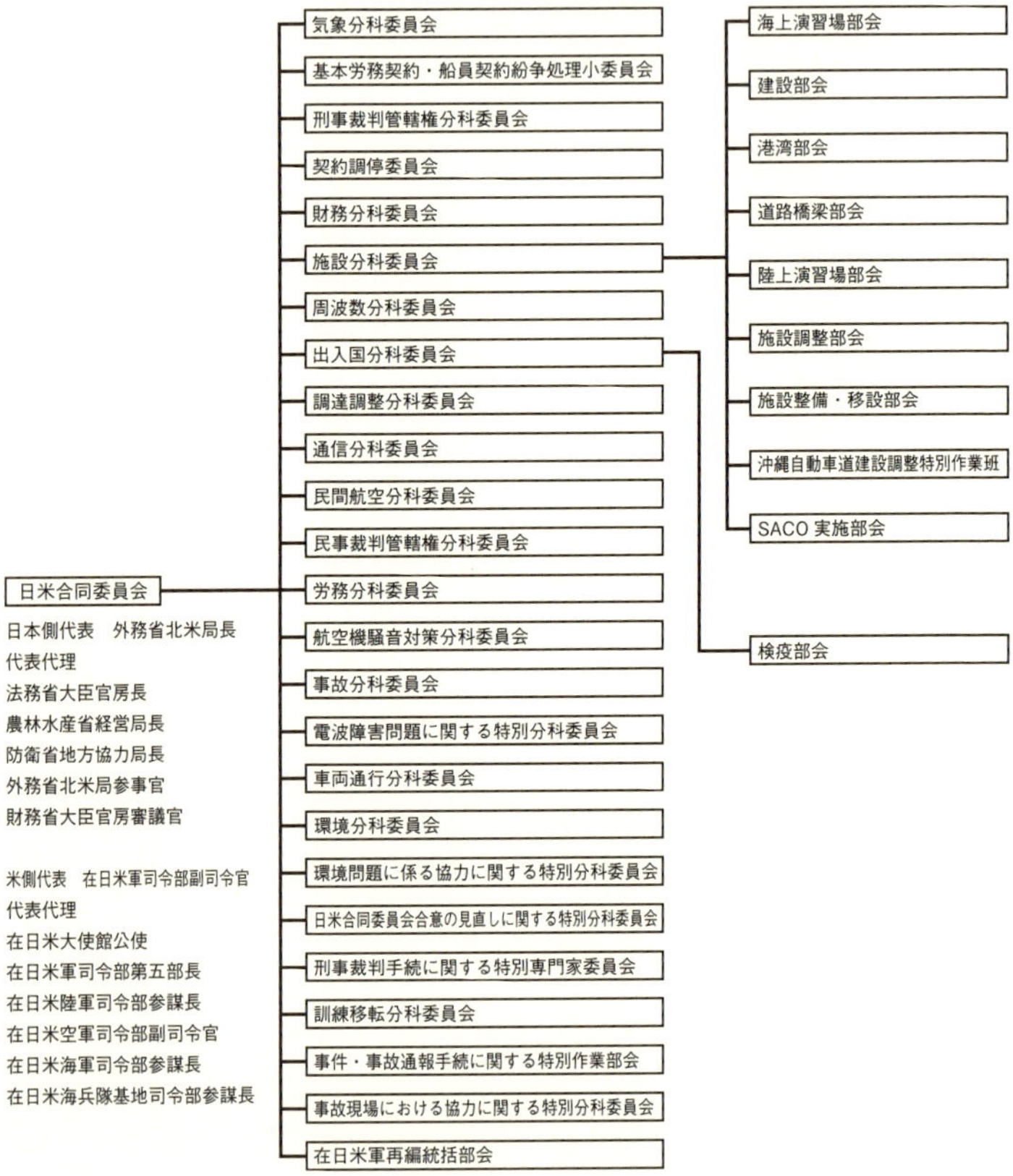
日米合同委員会
日本側代表　外務省北米局長
代表代理
法務省大臣官房長
農林水産省経営局長
防衛省地方協力局長
外務省北米局参事官
財務省大臣官房審議官
米側代表　在日米軍司令部副司令官
代表代理
在日米大使館公使
在日米軍司令部第五部長
在日米陸軍司令部参謀長
在日米空軍司令部副司令官
在日米海軍司令部参謀長
在日米海兵隊基地司令部参謀長
気象分科委員会
基本労務契約・船員契約紛争処理小委員会
刑事裁判管轄権分科委員会
契約調停委員会
財務分科委員会
施設分科委員会
周波数分科委員会
出入国分科委員会
調達調整分科委員会
通信分科委員会
民間航空分科委員会
民事裁判管轄権分科委員会
労務分科委員会
航空機騒音対策分科委員会
事故分科委員会
電波障害問題に関する特別分科委員会
車両通行分科委員会
環境分科委員会
環境問題に係る協力に関する特別分科委員会
日米合同委員会合意の見直しに関する特別分科委員会
刑事裁判手続に関する特別専門家委員会
訓練移転分科委員会
事件・事故通報手続に関する特別作業部会
事故現場における協力に関する特別分科委員会
在日米軍再編統括部会
海上演習場部会
建設部会
港湾部会
道路橋梁部会
陸上演習場部会
施設調整部会
施設整備・移設部会
沖縄自動車道建設調整特別作業班
SACO 実施部会
検疫部会

きました。

だから、地位協定の国際比較を行うにあたっては、地位協定の条文だけでなく、関連する取り決めや運用の実態にも注目する必要があります。

アメリカが優先的に裁判権を行使できるケース

日米地位協定は、他の地位協定と比較しても特に不利ではないというのが、日本政府の「公式見解」です。

安倍晋三首相も、国会での答弁で、次のように語っています。


他国との地位協定との比較においても、日米地位協定が接受国側にとり特に不利なものとなっているとは考えておりません。（中略）こうした中で、現実的、具体的な運用の改善を更に積み重ねていくことが重要であるとの考え方の下に最大限の努力をしていきたいと、このように思います。（二〇一三年五月一四日、参議院予算委員会）

日米地位協定は、アメリカが他の国と結んでいる地位協定と比較して、特に不利ではない。だから、日米地位協定の改定ではなく、運用改善で対応していく――これが、これまでの日本政府の一貫したスタンスです。

しかし、序章で述べたように、刑事免責特権を与える範囲一つをとってみても、日米地位協定はNATO地位協定など他の地位協定と比べて、アメリカ側に有利なものになっています。

本章では、日米地位協定第一七条の刑事裁判権について、さらに他の地位協定との国際比較を進めていきたいと思います。

通常、日本で刑事事件を起こした人は、国籍にかかわらず、日本の刑法に基づき日本の裁判所で裁かれることになります。このように、ある国の領内にいる人に、国籍や属性に関係なく、その国の法律が適用される原則のことを「属地主義」といいます。

一方、米兵らには、彼ら彼女らがどこにいてもアメリカの軍法（軍隊の規律維持のために設けられた法令）が適用されます。

「属地主義」の原則に基づけば、日本国内で日本の刑法に違反する事件を起こした米兵は、日本の裁判所で裁かれます。しかし、日米地位協定第一七条は、それに「例外」を設けています。次の二つのケースに該当する場合は、アメリカ側が優先的に裁判権を行使できると定めているのです。

①もっぱら派遣国の財産・安全や派遣国の軍人・軍属らの身体・財産のみに対する犯罪

②公務執行中の犯罪

これらについて日本が裁判権を行使できるのは、アメリカ側が裁判権を放棄するか、または行使しなかった場合に限られます。

この規定は、一九五三年九月に日米行政協定が改定された際に、NATO地位協定にならって導入されたものです。それがそのまま日米地位協定にも引き継がれました。

この規定をNATOが地位協定に導入するにあたっては、加盟国の中で主権をめぐる激しい葛藤がありました。

本題の国際比較に入る前に、日米地位協定第一七条の「ルーツ」を見てみましょう。

地位協定の刑事免責特権のルーツ

地位協定の存在が一般的になったのは、第二次世界大戦後のことです。なぜなら、それまで外国軍隊の駐留というのは、植民地であったり、戦時中の特殊な状況下での出来事だったからです。

平時において、独立した主権国家どうしが安全保障条約や相互防衛条約を結んで外国軍隊を常時駐留させることが一般的になったのは、第二次世界大戦が終わってからのことでした。

一つの主権国家の中に、別の主権国家の国家機関である軍隊を置くわけですから、同盟国・友好国とはいえ、当然そこには緊張関係が生まれます。しかも、軍隊は大使館の外交官などとは違い、殺傷や破壊の技術を日々訓練し、そういう能力に非常に長《た》けた職能集団です。それが、どこでもかしこでも自由に活動したら重大事件を引き起こし、自国民の命や安全を脅かす危険性もあります。一方で、駐留軍がその任務を遂行できるよう、円滑な活動を確保する必要もあります。地位協定は、こうした葛藤の中で生まれたのです。

そのなかで、一つの「落としどころ」としてできたのが、一九五一年六月に調印されたＮＡＴＯ地位協定でした。

この原型をつくったのは、当時のアメリカとイギリスの関係です。

第二次世界大戦中、ドイツの空爆の脅威に晒《さら》されていたイギリスは、国防を米軍、特に米空軍の駐留に頼らざるをえない状況でした。終戦を迎え、一九四六年二月に最後の米空軍機がイギリスから飛び立った時には、イギリス国民は深く安堵したという報道が残っています。つまり、やっと「戦時（war time）」から「平時（peace time）」に移行し、外国軍の駐留を許す非常事態が終焉《しゅうえん》したということです。

しかし、すぐに冷戦が始まります。東西の緊張が高まり、一九四八年にソ連が「ベルリン封鎖」を行うと西ベルリンへの大規模な物資輸送のために、米軍を再度、大規模にイギリスに駐留させる必要性が生まれます。一九五一年の時点で、在英米軍の規模は一万五〇〇〇人を超えるものとなっていました。ここで、「戦時」ではなく「平時」に異国の軍隊が大規模に駐留するということはどういうことか――これがイギリス国内で問題になっていくわけです。

第二次世界大戦中の一九四一年、イギリスはアメリカと「賃貸借基地協定」を締結します。

この中で、米軍はイギリスの刑事裁判権から完全に免責されていました。この協定は東西冷戦の黎明時まで引き継がれました。

しかし、平時になり、イギリスを含むヨーロッパの民衆の意識が、戦時では許せたものでも平時では許されない、と変化していきます。平時なのだから、「属地主義」の原則でいくべきだという主張です。

それは、在英米軍による事件・事故の被害を受けた選挙民を抱える代議士たちが、イギリス議会において、刑事免責特権を「軍事占領の屈辱」であると声を上げたことに始まります。この声はその後、イギリス以外のNATO加盟国にも広がっていきます。

この頃から、アメリカにとっても、駐留する国での民衆の「反米意識」の高まりが大きな懸念となってゆきます。

NATOとは、「平時」に外国軍を長期にわたって駐留させて「集団的自衛権」の措置を維持するものですから、加盟各国の有権者の反感が増幅して、その維持に支障をきたさないようにしなければなりません。一方で、最大の駐留軍派遣国であるアメリカでは、自国の兵士が他国の法で裁かれることに強い抵抗がありました。

こうした葛藤の中で、「落としどころ」としてNATO地位協定で導入されたのが、①もっぱら派遣国の財産・安全や派遣国の軍人・軍属らの身体・財産のみに対する犯罪、②公務執行中の犯罪――のいずれかに当たる場合には、派遣国側が優先的に裁判権を行使できるという規定です。

ＮＡＴＯ地位協定後、この規定は、日米地位協定も含めて世界中の多くの地位協定で採用されてゆきます。

互恵性のない日米地位協定

もう一つ、ＮＡＴＯ地位協定で導入されたのが、「互恵性（reciprocity）」の考え方です。「互恵性」とは、外交官の持つ外交特権のように、相互に同じ特権を認め合うということです。ＮＡＴＯ地位協定は、加盟国が法的に対等な関係を持つことをベースにつくられているのです。

もちろん、実際には、米軍の駐留が圧倒的に多く、地位協定の特権を享受するのも米軍と、その兵士・軍属がほとんどです。しかし、法的には、ドイツ軍やイタリア軍などがアメリカ本土に駐留した場合は、ドイツやイタリアに駐留する米軍と同じ特権が認められるようになっています。そうすることで、ＮＡＴＯのすべての加盟国が「平等」であることを、一つの多国間体制として示しているのです。

冷戦終結後の一九九五年につくられたＮＡＴＯ加盟国と旧ソ連構成国との間の「ＰｆＰ（平和のためのパートナーシップ）地位協定」も、互恵性が原則となっています。ＮＡＴＯは、冷戦時代の「旧敵国」にも、新たな共通の目的のために持続的な関係を構築、維持しようと「平等」に対処しているのです。

この「互恵性」の考え方は、日米地位協定には採用されませんでした。日米地位協定では、日本が一方的に、アメリカに特権を認めているだけです。

陸上自衛隊は毎年、米陸軍や海兵隊とアメリカ本土で日米共同訓練を実施しています。この時、自衛隊員は、どういう外交ステータスでアメリカに滞在しているのでしょうか。

筆者（伊勢﨑）が防衛省関係者に聞いたところ、普通の「公用パスポート」だそうです。これは、ＪＩＣＡ（国際協力機構）が民間の専門家を途上国に派遣する時に発給されるのと同じものです。「外交パスポート」ではないので、外交特権など法的な特権は一切ありません。もちろん、日米地位協定で米兵らに与えられている刑事免責特権もありません。

訓練でアメリカ滞在中の自衛官が「公務中」に交通事故を起こした場合、すべてアメリカ側で事件が処理されます。ところが、これがドイツやイタリアの兵士だったら、第一次裁判権はこの両国にあるのです。実際にこのようなケースがあるかどうかは別にして、法的な権利関係が対等になっているというのは、主権国家にとって象徴的な意味を持ちます。

アメリカは、ＮＡＴＯ地位協定のような多国間協定だけでなく、二国間協定でも互恵性を認めている場合があります。

たとえば、フィリピンとの間には、フィリピン国内の米軍の法的地位を定めた訪問軍協定（ＶＦＡ）とともに、アメリカを訓練などの目的で訪れたフィリピン軍の法的地位を定めた訪問軍協定（ＶＦＡ２）も締結しています。

二つのＶＦＡは、出入国手続きや関税などの特権については対等になっています。フィリピン兵のアメリカにおける刑事裁判権については、基本的にはアメリカ側の刑事裁判権に服することになっていますが、フィリピン側が要請した場合、アメリカ政府は発生した事件を管轄する各州に対して裁判権の放棄を求めるという規定になっています。

これは、フィリピン国内での米軍に対する刑事裁判権の規定とは異なっています。その意味で、アメリカとフィリピンのＶＦＡは完全に互恵的とは言えません。「準互恵的」とでも言いましょうか。しかし、二〇一五年一月にアメリカ国務省が公表した「地位協定に関する報告書」（"Report on Status of Forces Agreements 2015"、巻末に概要部分を掲載）には、「この互恵性での譲歩は、過去のさまざまな問題にもかかわらず、フィリピン側がＶＦＡに同意したことに大きな役割を果たしたようだ」と記されています。

この報告書では、互恵性を認めることは「受入国の主権の侵害への懸念をなだめ、不平等な協定だという国内での批判に反論しやすくなる」と、その効果を強調しています。安定した駐留を可能にする地位協定の交渉のカードとして、この互恵性が使えるというのです。

逆に、互恵性の無さは「国家のプライドと主権の問題を惹起《じやつき》する」としています。

日本は互恵性のない地位協定を受け入れ、一方的に米軍の特権を認めていますが、「国家のプライドと主権の問題を惹起」しているようには見えません。それどころか、日米地位協定に関して、この互恵性の問題が議論の的になったことすらないのが現実です。

被疑者の身柄引き渡しは日本にとって有利なのか

安倍首相は、この章の冒頭で紹介した答弁で、日米地位協定が他の地位協定と比べて不利ではない具体例として、次のことを挙げました。

例えば、日米地位協定の根幹の一つを成す刑事分野において、起訴前の被疑者の拘禁の日本側への移転を可能とする枠組みがありまして、実際にもそのような移転が行われている例は米国と我が国以外の国との間にはないものと承知をしております。（五一ページ参照）

同じく、外務省も、ホームページ「刑事裁判手続に関する運用の改善」の中で「受け入れ国にとって最も有利なものとなっている」と自賛しています。

これは本当なのでしょうか。

米兵らが公務外で事件を起こした時（つまり、受入国側に第一次裁判権があるケース）、被疑者の身柄をアメリカと受入国のどちらの側が確保するのかということが、大きな問題となります。これは、受入国の捜査機関の初動捜査に実質的に関係するとともに、国家の主権に象徴的にかかわるからです。

たとえば、沖縄県では過去にこんなケースがありました。

一九九三年五月、路上を歩いていた一九歳の女性が二五歳の米兵に車で拉致され、嘉手納基地内に連れ込まれて強姦されるという事件が起きました。

被疑者の身柄はすぐに米軍の憲兵隊によって確保されましたが、外出禁止と一時間ごとの点呼が課せられただけで、基地内では自由に行動できる状態でした。そして、被疑者は嘉手納基地内の旅行代理店で航空券を購入し、軍を離れるのに必要な書類を偽造して、民間機でアメリカ本国に逃げてしまったのです（その後、アメリカで拘束され、沖縄に送還されましたが……）。沖縄県警がすぐに被疑者を逮捕できていれば、このような不条理なことは起きなかったはずです。

日米地位協定では、アメリカ側が被疑者の身柄を最初に確保した場合、日本側が起訴する時までアメリカ側が被疑者を拘禁することとされています（第一七条五(c)）。つまり、検察が起訴するまで、日本側では被疑者を逮捕して強制捜査を行うことはできない決まりなのです。

●日米地位協定　第一七条五(c)
日本国が裁判権を行使すべき合衆国軍隊の構成員又は軍属たる被疑者の拘禁は、その者の身柄が合衆国の手中にあるときは、日本国により公訴が提起されるまでの間、合衆国が引き続き行なうものとする。

強制捜査ができないので、警察は十分な証拠集めができず、結果的に不起訴となるケースが多くなります。

これについて日本政府は、強制捜査ができなくても、米軍は日本の警察の捜査に全面的に協力するので捜査に支障はないと説明してきました。具体的には、日本側で被疑者の取り調べが必要な時には、米軍は被疑者を日本の警察署まで移送するなどの協力を行っているというのです。

しかし、これはあくまで任意捜査ですので、米軍が協力するといっても被疑者本人の同意が必要です。本人が同意しなければ、日本の警察が取り調べを行うことはできません。

さらに、米軍の「拘禁」には、上官による「外出禁止命令」といった緩い処分も含まれています。基地の外に出ることが禁止されるだけで、基地の中では自由に行動できるのです。そのため証拠の隠滅を図ったり、複数犯の場合は口裏合わせも可能となります。場合によっては、先ほど紹介しましたが、被疑者が勝手にアメリカ本土に逃げ帰ってしまうようなケースも起こりうるのです。

米兵らが「公務」と関係なく日本で犯した事件なのに、いったん基地に逃げ帰ってしまえば日本の警察が逮捕できないことに対する不満は、とりわけ米軍基地が集中し、こうした事件がくり返されてきた沖縄でマグマのように溜まっていました。

それが「爆発」したのが、一九九五年九月に沖縄県で発生した少女暴行事件でした。

海兵隊員二人と海軍兵一人が、自宅近所の文房具店に買い物に出かけた一二歳の女子小学生をレンタカーで拉致した上、人気のない海岸に連れていって集団で暴行したのです。

あまりに残虐非道な犯行に沖縄県警は被疑者らの身柄の引き渡しを求めましたが、アメリカ側は日米地位協定を理由に拒否しました。

長年にわたり鬱積《うっせき》した沖縄県民の怒りは頂点に達し、事件に抗議して開かれた「沖縄県民総決起大会」には本土復帰後最大となる八万五〇〇〇人が結集するなど、日米同盟を揺るがす政治問題に発展します。そして、基地の整理縮小と日米地位協定の改定を求める沖縄県民の圧力の強さに、アメリカはついに譲歩せざるをえなくなります。

日米両政府は同年一〇月二五日の日米合同委員会で、殺人と強姦事件の場合に限って、起訴前の身柄の引き渡しを可能とすることで合意したのです。

●刑事裁判手続に係る日米合同委員会合意（一九九五年一〇月）

一　合衆国は、殺人又は強姦という凶悪な犯罪の特定の場合に日本国が行うことがある被疑者の起訴前の拘禁の移転についてのいかなる要請に対しても好意的な考慮を払う。合衆国は、日本国が考慮されるべきと信ずるその他の特定の場合について同国が合同委員会において提示することがある特別の見解を十分に考慮する。

二　日本国は、同国が一にいう特定の場合に重大な関心を有するときは、拘禁の移転についての要請を合同委員会において提起する。

しかし、これは沖縄県民が要求した地位協定の改定ではなく、運用レベルの「改善」にとどまりました。合意の中身も、アメリカ側に起訴前の身柄の引き渡しを義務付けるものではなく、あくまで日本側の要請に対して「好意的な考慮を払う」ものであり、要請に応じるかどうかはアメリカ側次第なのです。

このような日米地位協定の身柄引き渡しに関する規定と運用が、本当に外務省が説明するように、他の地位協定の規定と比べても、「受入国にとって最も有利なもの」だと言えるのでしょうか。

日本より有利な改定を実現した韓米地位協定

外務省のホームページで日米地位協定と比較しているのは、ドイツと韓国です。ここでは、韓国がアメリカと結んでいる地位協定とその運用について見ていきます。

外務省のホームページには、次のように書かれています。

米国が韓国と締結している米韓地位協定では、派遣国（米側）は、一二種類の凶悪な犯罪の場合は韓国側による起訴時、それ以外の犯罪については判決確定後まで、被疑者を拘禁できることになっています。（外務省ホームページ「刑事裁判手続に関する運用の改善」）

韓国では、二〇〇一年に二度目の韓米地位協定改定が行われるまでは、被疑者の身柄は判決確定後までアメリカ側が確保すると決められていました。それが、二〇〇一年の改定で、殺人や強姦、強盗、誘拐、放火など一二種の凶悪犯罪に限り、日米地位協定と同じく起訴の段階で身柄の引き渡しが可能となりました。

●韓米地位協定合意議事録　二二条

合衆国の軍当局は、以下の場合において、韓米地位協定の合衆国側の拘禁者を大韓民国当局へ引き渡すものとする。拘禁者が犯した犯罪が大韓民国に第一次的な裁判権を有するものであり、かつ大韓民国がその犯罪の起訴時にその引き渡しを要求した場合、もしくはその犯罪の性質が以下の類型に当てはまり、拘禁を行う犯罪の重大性が十分にある場合。

(a)殺人　(b)強姦（準強姦および一三歳未満の者との姦淫を含む。）　(c)営利誘拐　(d)違法な薬物の取引

(e)販売目的のための違法な薬物の製造　(f)放火　(g)凶器使用強盗　(h)前項の犯罪の未遂　(i)傷害致死

(j)飲酒運転による死亡事故　(k)死亡事故を起こした後現場からの逃走　(l)上記の犯罪のうち、一または

それ以上で構成される犯罪

改定のきっかけとなったのは、韓国国民の怒りに火をつけたある事件でした。

二〇〇〇年二月一九日夜、ソウルの龍山《ヨンサン》米軍基地近くの梨泰院《イテウオン》地区で、外国人専用クラブで働く三〇代の韓国人ホステスの殺害死体が発見されました。

まもなく、犯人は二二歳の米兵であることが判明します。その米兵は、クラブで会った被害者の女性に性行為を要求して拒絶されたことに怒り、彼女を殴りつけて、首を絞めて殺してしまったのです。

この事件は、犯行の残忍さからも社会的注目を集め、判決が確定するまで韓国の捜査機関が逮捕することができない韓米地位協定の治外法権的な現状を浮き彫りにしました。当初は二度目の改定に渋っていたアメリカでしたが、地位協定改定を求める韓国国民の世論の高まりに、ついに譲歩を強いられたのです。

日本の外務省のホームページの記述は、この二〇〇一年の改定までの段階で止まっています。しかし、実は、この先の話があるのです。

二〇〇一年の改定では、一二種の凶悪犯罪で身柄の引き渡し時期を判決確定後から起訴時に改めただけでなく、起訴前の身柄引き渡しにも道を開く条項が盛り込まれました。

「合衆国の軍当局は、特定の事件における大韓民国の当局の身柄の引き渡しの要請に対し、好意的な考慮を払う」（韓米地位協定合意議事録）という条項です。

ところが、この条項を骨抜きにするような決まりが同時に結ばれていました。

それは、「拘禁の引き渡し後、二四時間以内に起訴されなければ釈放しなければいけない」（韓米合同委員会の合意事項）というものです。これでは、被疑者を逮捕して十分な捜査を行うことは難しく、起訴前の身柄引き渡しは事実上不可能です。

それから約一〇年後、韓国はこの不条理な決まりを廃止することに成功します。契機となったのは、やはりある米兵による凶悪事件でした。

二〇一一年九月二四日、京畿道《キョンギド》・東豆川《ドンドウチヨン》のアパートに深夜米兵が侵入し、テレビを見ていた一八歳の女子大生を刃物で脅して強姦したのです。

米兵は抵抗する女性を殴打し、ライターの火で火傷させたうえ、三時間にわたって暴行をくり返しました。さらに、同月一七日未明には、ソウルの麻浦《マポ》区でも米兵がアパートに侵入し、寝ていた一八歳の女性を強姦してノートパソコンを盗む事件が発生します。

相次ぐ未成年女性に対する強姦事件に、韓国国民の怒りは爆発し、再び地位協定改定を求める世論が高まります。それを受けて韓国政府は、起訴前でも韓国の捜査機関が被疑者の身柄を押さえて十分な初動捜査を行えるよう、運用ルールを見直すことをアメリカ側に要求します。

その結果、翌一二年五月二三日の韓米合同委員会で、起訴前の身柄引き渡しを事実上不可能にしていた「二四時間以内起訴ルール」を削除することが合意されました。

これにより、現在は、少なくとも一二種の犯罪については起訴前の身柄引き渡しが現実的に可能となっています。

実際、二〇一三年三月、ソウルの梨泰院で市民に向けてＢＢ弾（モデルガンのプラスチック製の弾）を撃っていた米兵が警察の検問に応じず、逃亡を図る事件が発生した際、在韓米軍は韓国側の求めに応じ、初めて起訴前に被疑者の米兵の身柄を引き渡しました。

一方、日本の一九九五年の合同委員会合意では、起訴前の身柄引き渡しについてアメリカ側が「好意的な考慮を払う」としているのは、殺人と強姦に限られています。その他の犯罪については、日本側の見解を「十分に考慮する」と書かれているだけです。

一九六六年の締結当初は日米地位協定よりも不利だった韓米地位協定ですが、その後の数次にわたる改定と運用見直しにより、現在は日米地位協定よりも有利な運用を勝ち取っています。

この点だけをとっても、日本政府の「日米地位協定が最も有利」という主張は事実と異なっています。

在日米軍身柄引き渡しの実態

日本政府は、一九九五年の「運用改善」で、殺人と強姦の場合は起訴前に被疑者の身柄の引き渡しが可能になったことをもって、「受け入れ国にとって最も有利な」地位協定とアピールしてきました。

では、その運用の実態はどうなっているのでしょうか。

外務省のホームページによれば、一九九五年の合同委員会合意に基づいて日本政府がアメリカ側に起訴前の身柄引き渡しを要請した事件は、二〇一六年までの二〇年余りでたったの六件です（下段の表）。そのうち五件では実際に起訴前に被疑者の身柄が引き渡されましたが、アメリカ側が拒否したケースも一件ありました。

二〇〇二年に沖縄県具志川《ぐしかわ》市（現うるま市）で起こった米海兵隊少佐による女性暴行未遂事件では、沖縄県警が「未遂であっても女性暴行は凶悪犯罪以外の何ものでもない。身柄がアメリカ側の手中になければ、当然に逮捕状を執行している犯行」と起訴前の身柄引き渡しのための日米合同委員会開催を要請。これを受けて、日本政府は日米合同委員会で起訴前の身柄引き渡しを要求しましたが、アメリカ側は理由を示さずにこれを拒否しました。

「運用改善」の限界が浮き彫りになる事態に、沖縄県の稲嶺惠一知事は「強い憤りを感じるとともに、あらためて日米地位協定の抜本的な見直しが必要だと痛感」（「琉球新報」二〇〇二年

1995年の日米合同委員会合意により、起訴前の拘禁移転を要請した事件

1996年7月16日	長崎県　強盗殺人未遂事件（起訴前身柄引き渡し）
2001年6月29日	沖縄県　婦女暴行事件（起訴前身柄引き渡し）
2002年11月2日	沖縄県　婦女暴行未遂、器物損壊事件（起訴前身柄引き渡し拒否）
2003年5月25日	沖縄県　婦女暴行致傷事件（起訴前身柄引き渡し）
2006年1月3日	神奈川県　強盗殺人事件（起訴前身柄引き渡し）
2008年3月19日	神奈川県　強盗殺人事件（起訴前身柄引き渡し）

（日付は事件発生日）　出所：外務省

一二月六日）とコメントしました。

また、沖縄県警が起訴前の身柄引き渡しを求めても、日本政府がアメリカ側に要請しなかったケースもあります。

二〇〇一年に沖縄県北谷町《ちゃたん》で発生した連続放火事件で、沖縄県警は「うっぷん晴らしで火をつけた」と供述する米海兵隊兵長の逮捕状をとり、米軍当局に逮捕の同意請求を行いましたが、米軍は拒否。日本政府も、一九九五年の日米合同委員会合意にある殺人と強姦以外の犯罪はアメリカ側に拒否される可能性が高いと判断し、アメリカ側に正式には起訴前の身柄引き渡しの要請をしませんでした。

一方、那覇地検は県警による書類送検の二日後に起訴。容疑者の海兵隊兵長の身柄は、日米地位協定に基づいて日本側に引き渡されました。日本政府は、那覇地検に異例の早さで起訴させることで、県民の批判が高まることを抑えようとしたのです。

しかし、一九九五年の日米合同委員会合意は、殺人と強姦以外の犯罪の場合は起訴前の身柄の引き渡しはしないと決めているわけではありません。「好意的な考慮を払う」と明記しているのは殺人と強姦の場合ですが、「日本国が考慮されるべきと信ずるその他の特定の場合」についても、日本が起訴前の身柄の引き渡しを要請したら「十分に考慮する」としています。

起訴前の被疑者の身柄引き渡しが問題になったいくつかの事件を受けて、二〇〇三年から〇四年にかけて、この問題に関して日米間で交渉が行われました。

交渉では、日本側が一九九五年の合意で起訴前の身柄引き渡しを「十分に考慮する」とした「その他の特定の場合」の明確化を求めました。それに対しアメリカ側は、被疑者の人権保護の観点から、日本の捜査機関による取り調べ時の「アメリカ政府関係者の立ち会い」を要求。それが受け入れられないのであれば、あらゆる事件について、起訴前の身柄引き渡しに今後は応じられないと示唆したといいます。

交渉は難航しましたが、最終的に、アメリカ側が起訴前の身柄引き渡しに応じた場合、または日本側がその要請をする可能性がある場合に限って、取り調べにアメリカ政府関係者が立ち会うのを認めることで合意し、日米合同委員会合意として二〇〇四年に明文化されました。

一方、日本側が求めた「その他の特定の場合」の明確化については、「いかなる犯罪も排除するものではなく、日本政府が個別の事件に重大な関心がある場合は、拘禁の移転を要請することができる」と口頭で確認されただけでした。

これには、与党・自民党の国会議員の中からも「(日本側には利点がないまま)ただで米国の一番欲しいものをくれており、外務省の失態だ。白紙撤回を求めねばならない」(河野太郎衆院議員)と厳しい批判があがりました。(「琉球新報」二〇〇四年四月二四日)

結局、その後も、殺人と強姦以外の犯罪で起訴前の身柄引き渡しが実現したケースは一度もありません。

二〇一三年一月一五日、沖縄の地方紙「琉球新報」は朝刊一面のトップで、「女性暴行 8

割逮捕せず」という見出しの記事を大きく掲載しました。

同紙が入手した警察庁の資料によれば、一九九五年の日米合同委員会合意で米兵らによる強姦罪が起訴前の身柄引き渡しの対象とされているにもかかわらず、一九九六年から二〇一一年の間に強姦容疑で摘発された米兵三五人中、八割強に当たる三〇人が逮捕されず、不拘束で事件処理されていたことが明らかになったというのです。

また、同期間に摘発された凶悪犯（殺人、強盗、放火、強姦）の米兵被疑者一一八人のうち、約半数に当たる五八人が不拘束で事件処理されていました。

この実態について、同紙は「米軍関係者による凶悪犯罪が積極的に公表されず、日米地位協定の一九九五年の運用改善で勝ち得たはずの権利すら行使されていない背景には、主権を主張するよりも米側との対立をなるべく避けようとする日本政府の消極的な姿勢がある」と指摘しています。

「主権を主張するよりも米側との対立をなるべく避けようとする」という指摘は、まさにその通りです。先ほど紹介した韓国の事例からは、アメリカとの同盟関係を重視しながらも、自国の主権を最大限実現しようとする緊張感が伝わってきます。はたして、日米関係にその緊張感はあるでしょうか。さらに、見ていきたいと思います。

ドイツが裁判権を放棄する歴史的背景

外務省のホームページでは、ドイツが結んでいる「ボン補足協定」とも比較しています。

ドイツにおけるNATO諸国軍の地位についての詳細規定を定めているボン補足協定では、派遣国は判決の確定まで被疑者を拘禁できることになっています（同協定には、ドイツによる移転要請に派遣国は好意的考慮を払うとの規定もありますが、そもそもドイツは、同協定に従い、ほとんど全ての米軍人による事件につき第一次裁判権を放棄しています。）。（六三ページ参照）

NATO地位協定では、受入国が起訴する時まで、被疑者の身柄は派遣国側が確保することとされています。これは、日米地位協定と同じ規定です。ところが、ドイツに駐留するNATO諸国軍の地位の詳細について定めているボン補足協定では、派遣国は判決確定時まで被疑者を拘禁できることになっているのです。

ただ、ボン補足協定には、「派遣国は（被疑者の）拘禁者をいつでもドイツの当局に引き渡すことができる」、「特定の場合においてドイツ当局が要請したすべての拘禁者の引き渡しに対して、好意的配慮を払う」という規定もあります（二二条）。つまり、ドイツは〝いつでも〟身柄の引き渡しを要請でき、要請があれば派遣国側は前向きに検討しなければいけないと協定に明記しているのです。

●ボン補足協定　第二二条二項

(a)ドイツの当局が逮捕を行った場合であって、兵力派遣国の当局からの要請があるときは、被逮捕者を当該派遣国に引き渡すものとする。

(b)兵力派遣国の当局が逮捕を行ったとき、または被逮捕者が本項(a)号に基づいて派遣国の当局に引き渡されたときは、同当局は、

(i)拘禁者をいつでもドイツの当局に引き渡すことができる。

(ii)特定の場合においてドイツの当局がそれを要請したすべての拘禁者の引き渡しに対して、好意的な配慮を行う。

この点では、アメリカ側が起訴前の身柄引き渡しに「好意的な配慮を払う」ケースを殺人と強姦に限定している日本よりも有利だと言えます。

ただ、外務省の説明にあるように、ドイツは米兵らによる事件のほとんどすべてで裁判権を放棄しているため、実際に被疑者の身柄の引き渡しを受けたケースはほとんどありません。

筆者（布施）が米陸軍法務総監事務所から入手した統計資料によれば、二〇〇九年一二月一日から二〇一〇年一二月三〇日までの約一年間に発生したドイツ側に第一次裁判権のある主要

な事件一九四六件のうち、ドイツは一九四四件で裁判権を放棄したと記録されています。

また、日本政府が一九九五年に行った国会答弁の中でも、「我が方が入手している統計資料によりますと、最近五年間では、九九％以上ドイツは一次裁判権を放棄している（中略）さらにアメリカ側が拘禁している被疑者の身柄を引き渡しの要請をして引き渡しを受けたというケースというのは、この十年では皆無」であることを明らかにしています。（一九九五年一〇月二〇日、衆議院外務委員会）

いったいなぜ、ドイツは米兵犯罪のほとんどすべてで裁判権を放棄しているのでしょうか。その理由は、ドイツ側に第一次裁判権がある場合でも、ドイツは原則として裁判権を放棄し、米兵の処分はアメリカ側にゆだねるという規定（一九条）がボン補足協定にあるからです。

●ボン補足協定　第一九条一項

裁判権が競合する場合に兵力派遣国の要請があるときは、ドイツ連邦共和国は、NATO軍地位協定第七条第三項ⓑ号によりドイツ当局に認められる第一次的権利を、同協定第七条第三項ⓒ号の枠内で、かつ本条第二項、第三項、第四項および第七項の規定に従うことを条件として、当該兵力派遣国のために好意的に放棄する。

NATO地位協定では公務外の事件についてはドイツ側に第一次裁判権があるのに、それを原則放棄するという、なんとも理不尽な約束をさせられてしまっているのです。

「なんだ、ドイツの協定は日米地位協定よりも酷《ひど》いじゃないか」と思った人も多いと思います。この点に限れば、まったくその通りです。

一方で、「ドイツの人々が、こんな理不尽な決まりを受け入れているのは信じられない」と思う方もいるのではないでしょうか。

このことを理解するには、第二次世界大戦でドイツが連合国に無条件降伏をした一九四五年の五月八日まで、歴史をさかのぼる必要があります。

連合国に敗れたドイツは、アメリカ、イギリス、フランス、ソ連の四カ国に占領されることになります。当初は、この四カ国による共同管理下で非軍事化と非ナチス化・民主化を進め、いずれは統一したドイツ国家として主権を回復させ、講和条約を締結する構想でした。

ところが、戦後まもなくして東西冷戦が始まると、共同管理は徐々に機能しなくなっていきます。一九四八年には、ソ連がベルリンを封鎖し、共同管理を行う「管理理事会」から脱退。管理理事会は機能を停止し、共同管理下でドイツを民主化して主権回復させるという構想は破綻します。そして、翌四九年には、アメリカ、イギリス、フランス三カ国の占領地域に「ドイツ連邦共和国」（旧西ドイツ）が、ソ連の占領地域に「ドイツ民主共和国」（旧東ドイツ）が創設され、東西に別個の権力が存在する分断国家になってしまいます。

西ドイツはアメリカが主導する西側陣営に組み込まれ、一九五五年には、ソ連を中心とする共産圏を封じ込めるためにつくられた多国間軍事同盟であるＮＡＴＯに加盟します。これを受けて、ドイツ国内に駐留するＮＡＴＯ諸国軍の法的地位を定めたボン補足協定が一九五九年に結ばれます。

このように、ボン補足協定は、東西分断という特殊な状況、いわば「準戦時」下で結ばれたため、その影響を色濃く受けざるをえませんでした。ＮＡＴＯ地位協定にはない、第一次裁判権を原則として放棄する条項が盛り込まれたのも、そのためです。ちなみに、ドイツと同じように南北分断という「準戦時」下で結ばれた「韓米地位協定」にも、当初は、韓国側が第一次裁判権を自動的に放棄する条項が盛り込まれていました。

機密解除で明らかになった日米行政協定交渉と密約

一方、日本が一九五二年にアメリカと結んだ「日米行政協定」は、サンフランシスコ講和条約発効（同年）後の「平時」を前提としているにもかかわらず、米兵に対する刑事裁判権はすべてアメリカ側が持つという占領時代とまったく変わらない内容でした。それは、序章で述べたように、後に首相になる中曽根康弘氏をして、「安政和親条約以下」「日本民族独立の危機」と批判せしむる屈辱的なものでした。

しかし、これにも歴史的な背景がありました。

日本がアメリカと行政協定の交渉を開始した一九五二年一月には、米兵らが公務外で犯した犯罪については受入国側が第一次裁判権を行使するというＮＡＴＯ地位協定がすでに締結されていました。しかし、アメリカ国内の政治状況から、ＮＡＴＯ地位協定が議会で批准される見通しがまだ立っていませんでした。そのため、ＮＡＴＯ地位協定と同等の刑事裁判権条項を求めた日本に対して、アメリカは「ＮＡＴＯ協定の発効前にＮＡＴＯ原則を日本に適用し、日本にＮＡＴＯ諸国より有利な待遇を与えることだけはできない」と強く主張し、ＮＡＴＯ地位協定の発効後に日米行政協定の刑事裁判権条項をＮＡＴＯと同等に改めることを求めたのです。行政協定にも、そのことは明記されました。

ＮＡＴＯ地位協定は一九五三年七月一五日に、米上院で批准されました。それを受けて、翌八月から行政協定改定に向けた日米の交渉が始まります。

日本政府の交渉担当者たちは、アメリカから最初に届いた行政協定の改定案を読んで衝撃を受けます。なぜなら、改定案には、こんな条項が盛り込まれていたからです。

日本国政府は、日本国にとって特に重大であると認められる場合を除く外、合衆国軍隊の構成員若しくは軍属又はそれらの家族に対して裁判権を行使する第一次の権利を行使することを希望しないものとする。（外務省外交記録「日米安全保障条約関係一件　第三条に基く行政協定関係　刑事裁判権条項改正関係」）

アメリカは、日本にも第一次裁判権の原則放棄条項を要求していたのです。

しかし、日本側の交渉担当者、とりわけ法務省の担当者たちは反発します。せっかく日本側で第一次裁判権を手にしても、それを骨抜きにする条項だからです。外務省が、機密解除した交渉経過を記録した文書（前掲）には、外務省の交渉担当者がアメリカ側に「この条項に対しては、行政協定改定の意義を失わせるものとして法務省側は強硬に反対している」「もし、この点につき、アメリカ側が一歩も譲歩できないという立場をとれば、交渉は決裂のほかなく、何らかの打開を図ることが絶対に必要」と伝えたことが記されています。

法務省は、日本側で第一次裁判権を行使しないケースを、アメリカ案の「特に重大であると認められる事件以外」から「日本側においていかなる事情にてらしても重要であるとは認められない事件」と、より厳しく制限する方向で表現を改める「対案」を出します。しかし、アメリカ側は首を縦に振りませんでした。

アメリカ側の強硬な姿勢を前に、日本は「公表する公式議事録に載せるのは絶対に困る」として、極秘のステートメント（声明文）にすることを求めます。

これにアメリカ側交渉担当者は「ワシントンは、内容でアメリカ原案の実質が確保されれば、形式には重きを置いていない」と返事します。

結局、交渉を決裂させないためにとられた打開策は、この条項を行政協定改定案の本文から削除し、代わりに「密約」として結ぶというやり方でした。

一九五三年一〇月二八日に開催された日米合同委員会の刑事手続きについて協議する分科会で、日本側代表の津田實法務省刑事局総務課長がアメリカ側に次のように伝え、その議事録に署名したのでした。

私は、方針として、日本国の当局が日本国にとって実質的に重要であると考えられる事件以外については、合衆国軍隊の構成員若しくは軍属又はそれらの家族で合衆国の軍法に服する者に対し、裁判権を行使する第一次の権利を行使する意図を通常有しない旨述べることができる。この点に関して、私は、日本国の当局がいずれの事件が日本国にとって実質的に重要であるかを決定するに当たり専権を有することを指摘しておきたい。（一九五三年一〇月二八日、行政協定裁判権小委員会刑事部会）

アメリカ案にあった「特に重大な事件」は、「実質的に重要な（material importance）事件」に改められ、「実質的に重要な事件」に当たるかどうかを判断するのは日本側の専権事項との一文が付け加えられたのです。

こうして、日米行政協定は表向き、NATO地位協定と同等に改定されました。アメリカは、名を捨てて実を取ることに成功したのです。

新聞各社は改定を歓迎する記事や社説を掲載しました。「毎日新聞」は「締結以来『治外法権』

とか『不平等条約』とか激しい非難が浴せられてきた日米行政協定は、独立後一年半にしてここに面目を一新することになる」（一九五三年九月二九日）と報じ、「読売新聞」も社説で「行政協定実施当初から国辱的規定たりとして、非難の的となっていた刑事裁判権条項が、ようやくＮＡＴＯ協定と同様に改められたことはよろこぶべきことである」（一九五三年九月三〇日）と書きました。

犬養健法務大臣も、国会で次のように行政協定改定の成果を強調しました。

私はこの問題は、国力を回復し、国の地位を回復するためには、その国民は必ず刑事裁判権について自尊心の満足するものを要求するのは、どの時代でもどの国でも例でありますから、この点は一歩も譲らずに参ったと思っております。（一九五三年一一月三日、衆議院法務委員会）

しかし、実際には、国民には秘密にして重要事件以外は第一次裁判権を行使するつもりがないとアメリカ側に約束していたのです。

日米両政府が行政協定改定の議定書を締結したその日、アメリカ側代表として調印したアリソン駐日大使は、ワシントンの国務省に次のように打電しました。

いつになく大きく報じられた、きわめて好意的なマスコミの報道のせいで、刑事裁判権条項の改定は日本が実際に（米兵への）裁判権を行使する事件数とはまるで不釣り合いな、象徴的な意味での重要性をもつものだというわれわれの印象がいっそう強められた。この取り決めは真の独立に向けての新たな里程標とみなされている。（一九五三年九月二九日、アリソン駐日大使発アメリカ国務省宛公電、『日米「密約」外交と人民のたたかい』新原昭治著、新日本出版社、二〇一一年）

今でも続く日本の裁判権放棄

その後の日本側の裁判権行使の実態は、このアリソン大使の言葉通りのものになりました。

下段の表は、米上院軍事委員会に過去に提出

	日本が第一次裁判権を持つ米兵等の犯罪	裁判権放棄・不行使・釈放	放棄等の比率
1954年	3050	2915	95.6%
1957年	4104	3969	96.7%
1963年	3433	3090	90.0%
1965年	1983	1686	85.0%
1969年	2503	2074	82.9%
1971年	2424	1822	75.2%

※アメリカ上院軍事委員会地位協定小委員会に提出された報告資料（新原昭治氏が入手）を基に作成

された報告書に記載されていた日本の「裁判権放棄率」の推移です。徐々に放棄率は低くなっているものの、日本側が第一次裁判権を持つ事件の大半を放棄している実態が示されています。

この報告書については、一九六三年一一月二八日の「読売新聞」が、「米駐留軍犯罪の裁判権　日本、放棄しすぎる」という見出しの記事を掲載しています。

記事は、世界各国の裁判権放棄の平均が約六〇％なのに対し、日本は九〇％以上の事件で裁判権を放棄し、日本の裁判所で裁判された事件の大部分も罰金か執行猶予になっていると指摘しています。こうした日本側の姿勢について、「日本の当局はあまりに丁重で、米人を裁判にかけたがらないので、米軍司令部はかえって当惑している」との報告書作成者のコメントも紹介しています。

また、二〇〇一年にイギリスで出版された地位協定に関する本（"The Handbook of the Law of Visiting Forces" オックスフォード大学出版）の中で、在日米軍司令部の首席法務官が「日本は非公式な合意を結んで、『特別な重要性』がない限り第一次裁判権を放棄することにした。日本はこの合意を忠実に実行してきている」と記しています。

日本政府は、米兵らが日本で犯した犯罪について、日本側がどれだけ裁判権を行使してきたかという統計を作成しながら、それを公表してきませんでした。そのため、大半の事件で裁判権を放棄している実態は長い間、国民に知られることはありませんでした。逆に言えば、国民に知られてはまずいと思ったからこそ、統計を隠してきたとも言えるでしょう。

国民の目から隠されてきた裁判権放棄密約の存在が公になったのは、二〇〇八年のことでした。国際問題研究者の新原昭治氏が、アメリカの国立公文書館で密約本文を入手したのです。

筆者（布施）は、密約の内容が現在も実行されているのかを調べるために、米兵らによる事件の年別の起訴・不起訴件数が記録された行政文書を法務省に情報公開請求しました。

その結果、二〇〇一年から二〇〇八年までの「合衆国軍隊構成員等犯罪事件人員調」という名の詳細な統計が開示されました。

統計を見ると、現在も密約が生きていることは明白でした。

この八年間の米軍関係者による一般刑法犯の起訴率は一七・五％と、日本全体での起訴率四八・六％の半分以下となっています。

罪種別でみても、強姦事件は三一件中二三件が不起訴で起訴率は二六％（日本全体は六二％）、強制わいせつは一九件中一七件が不起訴で起訴率一一％（日本全体は五八％）、傷害・暴行は二三八件中一七四件が不起訴で起訴率二七％（日本全体は五八％）、窃盗は五一一件中四七四件が不起訴で起訴率は七％（日本全体は四五％）となっています。比較的起訴率が高い殺人（七五％）と強盗（七二％）を除いて、いずれも日本全体と比べて極めて低い起訴率となっていました。

筆者はこの後も毎年、統計の情報公開請求を続けています。二〇〇一年から二〇一六年までの一六年分を集計したのが八四ページの表です。日本の検察が、米兵らによる事件を「特別扱

2001 年～2016 年の在日米軍人らによる一般刑法犯の起訴・不起訴人員数と起訴率

	起訴	不起訴	起訴率
2001 年	22	123	15.2%
2002 年	24	153	13.6%
2003 年	31	174	15.1%
2004 年	36	153	19.0%
2005 年	33	126	20.8%
2006 年	30	112	21.1%
2007 年	23	93	19.8%
2008 年	19	108	15.0%
2009 年	27	97	21.8%
2010 年	17	123	12.1%
2011 年	13	83	13.5%
2012 年	30	80	27.3%
2013 年	17	76	18.3%
2014 年	10	54	15.6%
2015 年	17	74	18.7%
2016 年	14	69	16.9%
合計	363	1698	17.6%

※検察統計報告「合衆国軍隊構成員等犯罪事件人員調」を基に集計

※一般刑法犯とは、刑法犯から自動車による過失致死傷等を除いたもの

※アメリカ側に第一次裁判権のある公務中の事件は除いてある

い」していることは明らかです。

日本政府は当初、密約の存在を否定していましたが、自民党を中心とした政権から民主党を中心とした政権に代わった後の二〇一一年八月、その存在を認めました。しかし、これは「日本側の一方的な政策的発言」であり、「日米両政府間の合意」ではないので密約ではないと強弁しました。

確かに、この文書には日本側の津田實法務省刑事局総務課長の署名しかなく、その意味では日米両国を拘束する「合意」ではなかったと言えます。逆に言えば、「合意」として拘束するものではなかったにもかかわらず、日本政府は半世紀以上にわたり、自らの意思で、忠実に、これを実行し続けてきたわけです。ここにこそ、日本政府の姿勢が象徴的に表れていると思います。

ドイツの改定交渉と裁判権放棄

話をドイツに戻しましょう。

ドイツの場合、米兵が犯したすべての事件で原則として第一次裁判権を放棄するという規定が、公表されるボン補足協定の本文に入りました。（七四ページのボン補足協定第一九条一項）

その背景には、協定締結当時、ドイツが東西で分断される「準戦時国家」という特殊な状況があったことはすでに述べました。

この特殊な状況は、一九九〇年一〇月三日の東西ドイツの統一をもって終わります。第二次世界大戦でドイツに勝利し、同国を占領したアメリカ、イギリス、フランス、ソ連の四カ国は、戦勝国としての権利を正式に放棄します。これにより、ドイツは、それまでの「半主権国家」の状態から「主権国家」になります。

これにともない、ドイツはボン補足協定を全面的に改定し、準戦時下という特殊な状況においてNATO諸国軍に認められていたさまざまな特権を見直すよう求めます。

改定交渉は一九九一年九月にスタートし、一九九三年一月に調印されます。

改定は、NATO諸国軍の訓練・演習などの活動や基地の管理にドイツ国内法を大幅に適用する方向で行われました。ドイツ外務省法制局長として改定交渉を率いたトノ・アイテル氏は「冷戦終結後も我々は米軍を必要としており、交渉では妥協も必要だったが、統一を達成した今こそ完全な主権を得るべきだとの考えには（米国からも）大きな異論はなかった」（「朝日新聞」二〇一七年八月一七日）と振り返っています。しかし、その一方で、刑事裁判権条項に関してはドイツ側が満足するような結果にはなりませんでした。

それは、「占領の残滓」の象徴ともいえる、ドイツ側が第一次裁判権を行使できる事件についても原則放棄するという不条理な条項を削除することができなかったからです。アメリカは、他の条項では大幅に譲歩しても、刑事裁判権条項に関しては、特権を可能な限り維持する方針で交渉に臨みました。他方、ドイツ側も刑事裁判権条項よりも訓練・演習の規制や基地周辺の環境保護を優先していました。

その結果、第一九条一項の第一次裁判権の原則放棄条項は削除せず、裁判権放棄を撤回（recall）できるケースについて定めた同条三項の「特定の場合における特別の事情により、ドイツの権限ある当局が、ドイツの司法行政上の利益からドイツの裁判権の行使が必要であるとの見解を有する場合」から「特定の場合における特別の事情により」を削除し、その条件を緩和することで交渉は妥結しました。

●ボン補足協定　第一九条三項

ドイツの権限ある当局が、ドイツの司法行政上の利益からドイツの裁判権の行使が必要であるとの見解を有する場合、ドイツの同当局は、本条第二項に定める通告の受理後二一日以内にまたは本条第七項に基づく取り決めに定めるそれより短い期間内に、権限ある軍当局または軍隊以外のその他の当局宛の声明書を提出することによって、本条第一項で認められる権利の放棄を撤回することができる。ドイツの当局はまた、前記の通告を受理するより前に、声明書を提出することができる。

「ドイツの司法行政上の利益」にかかわる事件とは、殺人や強姦、強盗（未遂、共同正犯を含む）の凶悪犯または第一審が高等裁判所管轄になるような重大犯罪のことです。あくまでドイツが裁判権を放棄するのが原則で、こうした犯罪に限って例外的に放棄を撤回できるという規定になったのです。

このように、一九九三年の改定でドイツ側が裁判権放棄を撤回できる条件は緩和されましたが、それ以降もドイツ側はほとんどの事件について裁判権を放棄しています。

アメリカにとって裁判権は最優先事項

そもそも、なぜアメリカは、ここまで裁判権放棄条項に固執するのでしょうか。

その理由は、先ほど少し述べたように、一九五三年にアメリカ議会でNATO地位協定がなかなか批准されなかったことと関係しています。

同協定がアメリカ上院で批准された時、付帯決議が採択されました。決議では、派遣された国でアメリカの憲法が被疑者に保障する権利が守られない危険があると駐留米軍の司令官が判断した場合、その国に裁判権の放棄を要請しなければならないと述べています。もし、その国が裁判権の放棄を拒否した場合は、国務省が外交ルートを使って強く放棄を要請しなければならないとも述べています。

当時の上院には、米兵が外国の〝劣った司法制度〟の下で裁判にかけられることに強く反発する有力議員がおり、NATO地位協定がなかなか批准されなかった原因となっていました。アメリカ政府は、このような付帯決議を付けることを条件に、彼らを説得したのです。

国家の命令で外国に派遣された兵士が、アメリカよりも〝劣った〟外国の司法制度の下で裁かれるのは認めがたいという考えは、当時のアメリカの軍部や政治家たちの中に根強くありました。

NATO地位協定が批准・発効した後に、米兵に対して刑事裁判権を持つ国への米軍派遣を禁止する法案が提出されたこともあります。法案を提出した共和党の議員は「自分の意思に反して招集され同意なしに外国へ派遣されるアメリカ軍将兵が外国の法律を犯したかどでその国の当局に引渡され、憲法に定められた権利を奪われるようなことがあってはならない」とコメントしました。（「読売新聞」一九五五年五月二〇日、AP電）

こうしたなかで、地位協定上は表向き、公務外の事件では受入国に第一次裁判権を認める一方、実際の運用では可能な限り裁判権を放棄させてアメリカ側の裁判権行使を最大化するというのが、米軍を海外に駐留させる上での最優先の方針となります。

その方針は今日まで変わっておらず、これが、アメリカが受入国側の裁判権放棄を担保する取り決めに固執する理由となっています。

裁判権を自動的に放棄させる協定「オランダ・フォーミュラ」

ただ、同じNATO加盟国の中でも、アメリカが求める裁判権放棄への対応は一様ではありません。

たとえば、イタリアでは二〇一四年にこんなケースがありました。

イタリア北部ヴィチェンツァの米軍基地に所属する米陸軍兵二人が、二四歳の妊娠中のルーマニア人女性に対する強姦・強盗の容疑で告発されました。

アメリカ側は、NATO地位協定に基づき裁判権の放棄を要請しますが、イタリア側はこれを拒否します。イタリアの法務大臣は自身のツイッターに、「二人の米兵はイタリアで裁判にかけられます。裁判権の放棄はありません」と投稿しました。

そして、翌二〇一五年四月、イタリアの裁判所は二人の陸軍兵に対し、検察の求刑よりも重い懲役六年の判決を下しました。

筆者（布施）が米陸軍法務総監事務所から入手した内部統計（EXERCISE OF CRIMINAL JURISDICTION BY FOREIGN TRIBUNALS OVER UNITED STATES PERSONNEL）では、二〇〇三年度（二〇〇二年一二月一日〜〇三年一一月三〇日）のイタリアの裁判権放棄率は五八・八%となっています。一方、同年のドイツの放棄率は九九・九%、イギリスは二五・五%です。日本は、ドイツよりも第一次裁判権を行使していますが、イギリスほどは行使していません。この点からも、日米地位協定が他の協定と比べて「最も有利」だとは必ずしも言えません。

前出のアメリカ国務省の「地位協定に関する報告書」では、地位協定の中で刑事裁判権はアメリカにとって最も優先度の高い条項だと強調しています。

それは、単に外国で罪に問われた米兵らの人権を保護するのに必要なだけではなく、米兵らが外国の不公正な司法制度に晒された場合、政府が国民の支持を得て海外に軍を展開するという意欲が大きく後退しかねないからだと述べます。

そして、新たに地位協定を締結する際は、できれば専属的裁判権を獲得し、最低でもNATO地位協定と同様の競合裁判権方式を確保するべきだとしています。

さらに、NATO方式で受入国側が第一次裁判権を持つ事件についても、特に重要なケースを除いて第一次裁判権を自動的に放棄するという「オランダ・フォーミュラ」と呼ばれる協定を結ぶことで、アメリカは裁判権を確保していると記しています。オランダは、一九五四年にアメリカと結んだ交換公文で、特に重要なケースを除いて第一次裁判権を放棄することで合意しました。日本の「裁判権放棄密約」も、この「オランダ・フォーミュラ」の〝変形版〟の一つと言えるでしょう。

駐留米軍の条件は「最低でもNATO方式」

それでは、受入国からNATO方式すら拒否された場合、アメリカはどう対応するのでしょうか。

過去に、そのような事例がありました。

一つは、一九七〇年代のタイです。

ベトナム戦争中、タイは米軍の最大の出撃拠点となりました。北ベトナムへの爆撃を行ったB52爆撃機の約八割は、タイ国内の米軍基地から発進したといわれています。

米軍がベトナムから撤退した一九七三年、タイでは「学生革命」と呼ばれる政変で軍事独裁政権が倒れます。一九七五年の自由選挙で誕生したククリット政権は中立外交を掲げ、「一年以内の米軍撤退」を表明します。

アメリカは、タイ軍の「訓練」を名目に、四〇〇〇人規模の米軍を残留させることを提案します。タイ側もこれに同意しますが、ククリット政権は「残留米兵には特権を認めない。タイの法律に従ってもらう」と条件をつけました。

これに対しアメリカ政府は、「（米兵への）刑事裁判権をタイ政府が握るのなら、米軍を同国から完全撤退させる以外にない」との結論を出します。結局、一九七六年七月、約五万人いたタイ駐留米兵は二六三人の軍事顧問団だけを残して完全撤退します。基地もすべて返還されました。

これと同じようなことが起こったのが、二〇一一年のイラクです。

アメリカはイラクと二〇〇八年に地位協定を締結しました。この協定の正式名称は「イラクからの米軍の撤退と米軍の一時的駐留期間の活動に関する協定」となっているように、二〇一一年末までに米軍が撤退することを明記した上で、それまでイラクに駐留する米軍の法的地位を定めたものです。

しかし、アメリカは二〇一二年以降も、イラク軍を訓練するという名目で六〇〇〇人規模の米兵を引き続きイラクに駐留させようと目論《もくろ》みます。イラク側もこれに同意し、駐留延長に向けた交渉に入ります。

アメリカ側は、イラクに残る「訓練教官」に、それまで通り刑事免責特権を認めることを強く要求します。これをイラク側に受け入れさせるためにアメリカ政府高官や軍の幹部を次々とイラクに送り込みますが、イラク側は最後までこれを拒否します。当時のイラク政府は米軍駐留継続の必要性は認めていましたが、米兵に刑事免責特権を与えることには議会内そして世論の反発が強く、とても容認できない政治状況だったのです。

一方、「最低でもNATO方式」を海外駐留の基本方針とするアメリカ政府も妥協できませんでした。イラク政府と米軍の一部残留について大詰めの協議を行っていた二〇一一年九月、マリキ首相と電話会談を行ったバイデン米副大統領は、こう語りました。

「このままでは、史上初めて不完全な免責のままで米兵を海外に駐留させることになる。我々は、米兵を免責なしでイラク国内に駐留させることには同意しない」

結局双方が譲歩しないまま交渉は決裂し、アメリカは四万人超のイラク駐留米軍を二〇一一年末までに完全撤退させました。

つまり、受入国が完全な属地主義を主張し、公務中の事件に対しても裁判権を喪失した時が、アメリカにとっての〝レッドライン〟ということです。逆に、公務中の事件に対する第一次裁判権が最低限確保できれば、米軍はその国から出ていかないとも言えるでしょう。

米軍の特権を「当たり前」と考える日本

イラクから米軍を完全撤収させる時、オバマ米大統領は「主権国家間の正常な関係、対等なパートナーシップという新時代の幕開けだ」と語りました。

この言葉が示すように、一つの主権国家に外国の軍隊が駐留し、さまざまな特権が与えられている状態は、主権国家間の「正常な関係」とは言えません。

前出のアメリカ国務省の「地位協定に関する報告書」も、「その国にいる人はその国の法律に服するのが国際法のルール。地位協定はこの例外を設けるもので、裁判権などの権利を受入国が派遣国のために放棄する」と記しています。地位協定の刑事免責特権は、主権国家にとってあくまで「例外」だと当のアメリカが認識しているのです。

しかし、日本政府の認識は、これと逆転しています。

外務省のホームページの「日米地位協定Q＆A」では、「米軍には日本の法律が適用されないのですか」との問いに、「一般国際法上、駐留を認められた外国軍隊には特別の取決めがない限り接受国の法令は適用されず、このことは、日本に駐留する米軍についても同様です」と回答しています。

軍隊を派遣している当のアメリカが「特権は例外」と言っているものを、受入国である日本は「特権は当たり前」と言っているのです。これは、「特権は当たり前」と言わなければ国民に説明がつかないほど、日米地位協定が米軍に広範な特権を与えていることを示しています。

第二章

基地管理権

米軍の運用に日本政府の権限が及ばないのは当然なのか

イギリスと日本の事故対応の違い

二〇一四年一月七日、イギリスで米軍のヘリコプターが墜落する事故が発生しました。墜落したのは、米空軍の救難ヘリＨＨ60Ｇペイブ・ホーク。ヘリは、イギリス東部サフォーク州にあるレイクンヒース空軍基地を離陸し、低空飛行訓練を行っている最中に墜落しました。墜落したのが北海沿岸部の自然保護区の湿原だったため、市民に被害は出ませんでしたが、ヘリの乗員四人は全員死亡しました。

墜落の衝撃で、ヘリの機体は搭載していた一二〇〇発の弾薬とともに周囲に飛び散りました。人体に有害な物質も含まれている可能性があるとして、地元のノーフォーク州警察が現場周辺を封鎖し、立ち入りを禁止しました。

イギリスのメディアの報道によると、現場に米空軍の関係者もいましたが、ヘリの機体も含めて現場検証はノーフォーク州警察が主導して行われました。そして、警察の現場検証が終了した後で、米軍と英軍の事故調査官が共同で調査を開始しました。

このように、イギリスでは米軍基地の外で米軍の航空機事故が起こった場合、警察権を行使するのはイギリス側です。最初の現場検証をイギリスの捜査機関が行い、その後の事故調査も米英共同にすることで、事故の原因究明を米軍任せにしないで主体的に行っているのです。

「そんなの当たり前じゃないか」と思った方もいるかもしれません。国民の安全を守る政府の責任を考えれば、確かにこれが「当たり前」です。しかし、その「当たり前」のことができていない国があるのです。それは、どこか？　私たちの国、日本です。

イギリス政府の対応と日本政府の対応。その違いは、二〇一六年一二月に沖縄で起こったオスプレイの墜落事故を見れば、一目瞭然です。

米軍機墜落事故と日本の警察権

二〇一六年一二月一三日午後九時半ごろ、沖縄県名護《なご》市東海岸沖の浅瀬に米海兵隊の垂直離着陸輸送機ＭＶ22オスプレイ一機が墜落しました。

この事故でオスプレイの乗員二人が負傷しましたが、幸いにも市民に被害はありませんでした。しかし、墜落現場は民家が並ぶ安部《あぶ》集落から数百メートルしか離れておらず、周辺の海では事故当時、漁をしていた漁民もおり、一歩間違えば大惨事になっていた可能性もありました。

墜落からしばらく経つと、現場に米軍、沖縄県警、海上保安庁、そして報道陣や市民などが集まり始めます。沖縄県警は翌一四日の午前三時前から規制線を張り、墜落現場付近への立ち入りを制限しました。

一方、海上での警察権は海上保安庁にあります。第一一管区海上保安本部は一四日の未明にも、航空機を墜落させた乗組員らの過失責任を問う航空危険行為処罰法違反での立件を目指し、米軍に現場検証などの捜査協力を申し入れました。

なぜ、日本国内で起こった事故を捜査するのに、わざわざ米軍に捜査協力を申し入れる必要があるのでしょうか。

日米地位協定は、米軍による事件・事故に対する警察権の行使について、次のように定めています。

●日米地位協定　第一七条一〇

(a)　合衆国軍隊の正規に編成された部隊又は編成隊は、第二条の規定に基づき使用する施設及び区域において警察権を行なう権利を有する。合衆国軍隊の軍事警察は、それらの施設及び区域において、秩序及び安全の維持を確保するためすべての適当な措置を執ることができる。
(b)　前記の施設及び区域の外部においては、前記の軍事警察は、必ず日本国の当局との取極に従うことを条件とし、かつ、日本国の当局と連絡して使用されるものとし、その使用は、合衆国軍隊の構成員の間の規律及び秩序の維持のため必要な範囲内に限るものとする。

つまり、基地の中では米軍が警察権を行使できるが、基地の外では原則として日本側が警察権を行使するということです。ただし、米兵の間の規律や秩序の維持のために必要な範囲に限って、基地の外でも例外的に米軍の警察権の行使を認めているのです。これは、米軍基地周辺の歓楽街で夜、米兵らが飲酒して暴れたりしないように米軍のＭＰ（憲兵）がパトロールするといったことを指しています。

基地の外で発生した米軍機の墜落事故は、米軍兵士の間の「規律及び秩序の維持」にとどまりませんので、地位協定のこの条文に従えば、当然日本側が警察権を行使して捜査ができるはずです。

ところが、それをできなくする決まり事を、日米両政府は地位協定の合意議事録という形で結んでいるのです。

●日米地位協定合意議事録　第一七条一〇ⓐ及び一〇ⓑについて

日本国の当局は、通常、合衆国軍隊が使用し、かつ、その権限に基づいて警備している施設若しくは区域内にあるすべての者若しくは財産について、又は所在地のいかんを問わず合衆国軍隊の財産について、捜索、差押え又は検証を行なう権利を行使しない。ただし、合衆国軍隊の権限のある当局が、日本国の当局によるこれらの捜索、差押え又は検証に同意した場合は、この限りでない。

これで日本は、基地の外でも、米軍の財産に関して捜索、差し押さえ、検証を行う権利を放棄することを認めてしまっています。これがあるために、日本の捜査機関は、アメリカ側の同意がなければ墜落した事故機を捜査することができないのです。

結果的にこの事故では、米軍は海上保安庁の捜査に同意しないまま、機体を解体し、片付けてしまいました。海上保安庁が墜落現場を捜査できたのは、米軍が機体をすべて撤去した後のことでした。

このような米軍の対応は、今回が初めてではありません。

二〇〇四年八月一三日に米海兵隊の大型輸送ヘリが沖縄国際大学に墜落した際も、沖縄県警は機体の捜査への同意を求めましたが、米軍は回答しないまま機体を撤去してしまいました。さらに、米軍は「プライバシー保護」を理由に、ヘリの乗員など事故関係者の氏名も明かしませんでした。これでは、日本側の捜査機関が、事故を起こした乗組員の過失の有無などを十分に捜査することは不可能です。

結局、日本側で捜査が進まないなか、アメリカ側は整備ミスが事故の原因だったとして、整備兵らに降格や減給などの懲戒処分を下します。これによりアメリカ側が第一次裁判権を行使したことになり、日本側で起訴する機会は失われます。沖縄県警は整備兵らを氏名不詳のまま書類送検し、那覇地検はアメリカ側ですでに裁判権が行使されていることを理由に不起訴としました。

日本の捜査機関は機体に指一本触れることもできず、まさに事故調査の「蚊帳《かや》の外」に置かれたまま、事件にピリオドが打たれたのです。

日米地位協定は、「**（日本と米軍の捜査機関は）犯罪についてのすべての必要な捜査の実施並びに証拠の収集及び提出について、相互に援助しなければならない**」（第一七条六(a)）と定めています。日本の捜査機関の捜査同意を拒む米軍の対応は、これに明らかに違反しています。

沖縄国際大学へのヘリ墜落事故で捜査を指揮した沖縄県警のOBは、地元紙の取材に、「第一次裁判権は米側にあるが、捜査権は日本にもあり協定上、日米が原因究明に協力するのが本来の姿。米軍トップも地位協定を理解せず、特権意識の壁にぶち当たった」と当時を振り返り、「主権が侵害されていると沖縄が声を上げ、協定を改正しない限り、米軍事故の不平等は蒸し返される」（「沖縄タイムス」二〇一六年一二月一六日）と指摘しています。

米軍機事故をめぐる秘密の日米合意

二〇一六年一二月のオスプレイ墜落事故では、沖縄県警の許可を得て現場周辺を取材していた新聞記者を米軍が締め出そうとする場面もありました。

同年一二月一七日の「沖縄タイムス」は、その時のことを次のように報じています。

「ノー！」。午前七時半ごろ、墜落から二日間にわたり報道機関が取材した区域に記者が入ろうとしたところ、迷彩服姿の米軍関係者が行く手を防いだ。

警察官が近づき、「プレス（記者だ）」と伝え、通行させようとしたが、米軍関係者は「ノー」との姿勢を崩さなかった。

二〇〇四年の沖国大ヘリ墜落事故を受け、日米は米航空機事故直後の役割分担を「ガイドライン」としてまとめた。一般人の立ち入り制限では、事故現場に近いエリア「内周規制線」を日米が共同で規制し、その外側の「外周規制線」は日本側が規制を担う。

「取り決め破り」とも取れる米軍関係者の行動に警察担当者は「規制範囲は日米が協議して決めるはずだ」と語気を強めて反論。米軍担当者は何度も携帯電話で指示を仰ぎ、二時間後にやっと通行を認めた。

この記事にあるように、二〇〇四年の沖国大ヘリ墜落事故を受けて日米合同委員会でつくられた「日本国内における合衆国軍隊の使用する施設・区域外での合衆国軍用航空機事故に関するガイドライン」では、外側の規制線内への立ち入りについては日本側が許可権限を持つこととされています。日本側と協議せずに一方的に記者を締め出そうとした米軍の行為は、このガイドラインに反しています。

これと似たようなことは、二〇〇四年の事故の時もありました。しかも、締め出されたのは記者ではなく、なんと沖縄県警でした。

沖縄国際大学が普天間基地のすぐ近くだったこともあり、現場にいち早く到着したのは米軍でした。米兵らは大学構内の墜落現場周辺だけでなく、構外の市道も約二〇〇メートルにわたって「KEEP　OUT」と書かれた黄色いテープで封鎖し、後から到着した沖縄県警の警察官の立ち入りも拒んだのでした。まさに、現場一帯は一時、米軍によって「占領」されたのでした。

墜落の翌日に現場を訪れた外務省の荒井正吾政務官も米軍に立ち入りを拒まれ、その後に面会した在沖米軍司令官に「ここは日本の領土なのだから、日本の警察を信用して管轄は任せてほしい」と要請。そして、「米軍機が民間地域に墜落した場合の決まりが明確でなく、今回は現場を混乱させてしまった。事故後の検証に関するルールづくりを日米両政府で進める必要が

米軍機事故の現場管理に関するガイドライン

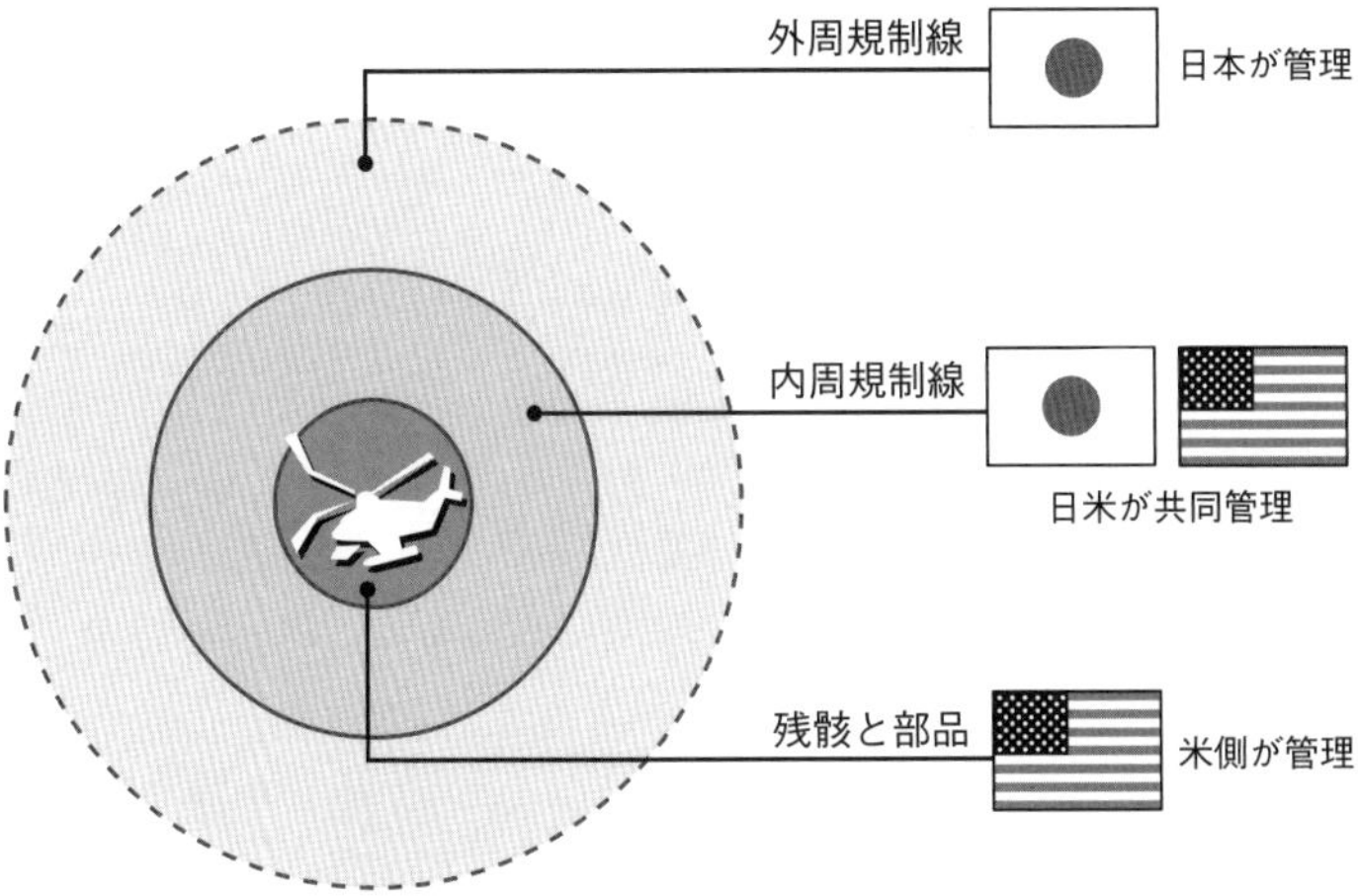

ある」（「沖縄タイムス」二〇〇四年八月一五日）と語りました。それでつくられたのが、前出の二〇〇四年「ガイドライン」です。

　これだけ聞くと、米軍が沖縄県警まで締め出して現場一帯を「占領」したのは、この「ガイドライン」がなかったのが原因かのようです。

　しかし、実は、日米間には公表されていない秘密の「ガイドライン」がすでにあったのです。それは、一九五八年一〇月一六日の日米合同委員会で合意されました。この合意に基づいて出された「米軍用機の墜落又は不時着現場における警備措置等について」というタイトルの警察庁の通達は、現場周辺の規制について次のように明記しています。

「墜落又は不時着現場は、日米両国の責任者によって必要な共同管理を行うこと」

「立入制限区域への米軍要員以外の者の立入りは、日本側責任者が決定すること」

　この通達では、米軍が一方的に現場周辺を封鎖し、日本の警察を締め出してもよいなんてことは、どこにも書いてありません。二〇〇四年の沖縄国際大学での米軍の行動は、一九五八年の合同委員会合意に明らかに違反しています。

　この日米合同委員会の合意は公表されていませんが、筆者（布施）は古書店で入手した法務省の「秘」指定の内部文書（法務省刑事局「合衆国軍隊構成員等に対する刑事裁判権関係実務資料」一九七二年）で知りました。

　この文書の問題が国会で取り上げられたこともあります。二〇〇四年の「ガイドライン」がつくられた直後の二〇〇五年五月一八日の衆議院外務委員会で、沖縄出身の赤嶺政賢議員（共産党）が質問し、外務省の北米局長が答弁しました。少々長くなりますが、日本政府の姿勢をよく表していると思うので、ぜひ読んでみてください。

赤嶺　（一九）五八年合意と今回の合意と明らかに変わっているところがあるんです。（中略）「内周規制線の制限区域への立入りは、合衆国及び日本国の責任を有する職員の相互の同意に基づき行われる。」このように言っています。「相互の同意」です。

去年のヘリ墜落事故現場でもいわば共同の体制はとっていたというのが皆さんの認識です。しかし、事故現場は危険なので近づくなということで、米軍の同意が得られなかったために近づけなかったわけですね。しかし、今回あえて「相互の同意」と書いている。そうすると、米軍が、危ない、近づくなと言えば、今回の場合も内周規制線の中に近づけないんですよ。

ところが、五八年当時はどんな合意になっていたかといいますと、下段の方に、（2）で「責任ある日本政府の係官は、合衆国軍隊要員以外の者の立ち入る権利と必要とを決定する。」つまり、立ち入るかどうかを、日本国の人にとっては、例えば宜野湾《ぎのわん》の市長かもしれません、沖縄県の副知事かもしれません、あるいは外務省の外務大臣かもしれませんし、副大臣かもしれない。そういう方々が入る場合には、日本政府の判断でできるんですよ。いわば日本政府の係官は合衆国軍隊の構成員以外の者の立ち入る権利と必要とを決定する、このように言っているんですよね。

当時はそういう合意だったんじゃないですか。今回の合意というのは、かえって、これまで日本政府が持っていた立場をも放棄して、よりアメリカ寄りに、アメリカの合意が得られなければ内周規制線に近づけない、こういうことになっているんじゃないですか。

北米局長　（中略）一九五八年の決定、この紙の性格というものにつきましては、私どもとしてここでコメントは差し控えたい。どういう経路でこういう紙があるのか、どういうものなのかということを私としてここで判断することは差し控えたい（中略）。

出所がはっきりしない文書についてコメントできないという答弁です。しかし、「どういう経路」も何も、法務省刑事局が作成した内部文書にこの通達が載っているのです。

一九五八年の合同委員会合意の存在を認めると、新たにつくったと説明した「ガイドライン」が実はヘリ墜落事故で米軍が合意に違反してとった行動を追認する内容になっていることが明らかになってしまうので、正式に公表された文書ではないことをいいことに文書の存在自体を認めずに逃げたのだと思います。

米軍が合同委員会で合意したルールを破っても、それに抗議しないばかりか、米軍のルール違反を追認する方向でルール自体を書き換えてしまう――独立した「主権国家」として、あまりにも情けない姿勢です。

イタリアで起きた米軍機によるロープウェー切断事故

同じアメリカの同盟国でも、イギリスと日本では米軍機墜落事故の処理があまりにも違うことが理解していただけたかと思います。

ただ、アメリカの最も対等な同盟国といわれているイギリスと、かつての敗戦国で、その延長でアメリカの同盟国となった日本を比べるのは、少し酷かもしれません。

そこで次は、日本と同じように第二次世界大戦で連合国に敗れたイタリアと比べてみることにします。

一九九八年二月三日、イタリアで低空飛行訓練中の米軍機がロープウェーのケーブルを切断する事故が起こりました。

現場は、イタリア北東部のアルプス山脈のスキーリゾート。ロープウェーは、ふもとの町、カバレーゼとチェルミス山を結びます。

低空飛行訓練を行っていた電子偵察機EA6Bプラウラーは、このロープウェーの下をくぐろうとして右主翼でケーブルを切断、ゴンドラは一〇〇メートル近く落下し大破しました。ゴンドラに乗っていたスキー客一九人とオペレーター一人の全員が死亡しました。

米軍機は、ケーブルを切断した際に機体の一部が損傷しましたが、その後体勢を立て直して急上昇し墜落を回避。そのままアビアノ空軍基地に帰投しました。

米軍機は、最低飛行高度の約三〇〇メートルを守らず、高度約九〇メートルの低さで飛行してケーブルを切断したのです。

現場周辺ではそれまでも、米軍機がロープウェーの下をくぐって飛行するのがたびたび目撃されていました。そのため、地元の自治体は米軍に対して再三、訓練の中止を求めていました。

ついに起こってしまった事故に、地元自治体からは怒りの声が上がります。トレント県の知事は「米軍機が半ば遊びでロープウェーのケーブルの下を飛んでいた、と多くの住民が話している。こんなばかげたことは許せない」と語り、カバレーゼの町長も「対策を怠っていた米軍に重大な責任がある」と強く非難します。

イタリアが日本と違うのは、その後の対応です。

イタリアの検察は事故の翌日には、アビアノ空軍基地で事故機の検証と乗員四人の事情聴取を行っています。そして、四人の乗組員と彼らを監督していた三人の将校を過失致死などの容疑でトレント裁判所に起訴します。

しかし、裁判所は、公務執行中に起きた事故の第一次裁判権はＮＡＴＯ地位協定に基づきアメリカ側にあるとして、この訴えを棄却します。

一方、米軍はパイロットと航空士の二人を過失致死や職務怠慢などの容疑で軍法会議に起訴しますが、パイロットに渡されていた航空地図にロープウェーが明記されていなかったことや高度計が誤作動していたことなどを理由に過失はなかったとして無罪判決が下されました。二人はその後、事件当日に撮影していたビデオテープを破棄していたことで再び軍法会議にかけられ、不名誉除隊となります。

このように、刑事処分に関してはNATO地位協定の壁に阻まれてイタリア側で裁くことはできませんでしたが、これとは別に、事件の原因究明と再発防止策についてはイタリア側も主体的に関与します。

事故後に発足した米軍の事故調査委員会にはイタリア空軍の将校も参加し、事故機が規定の最低飛行高度よりも低空で飛行し、速度も制限速度を超えていたとして、パイロットらの過失責任を認める報告書をまとめました。

さらに、イタリアの国防大臣は、この地域の米軍機の最低飛行高度を三〇〇メートルから六〇〇メートルに引き上げ、事実上、低空飛行訓練を禁止したのです。

また、イタリア国内での飛行訓練に関する取り決めを見直し、駐留米軍の飛行訓練をイタリア空軍の事前承認制にすることや、低空飛行訓練は全訓練の四分の一以下にすることなどで合意しました。

当時、NATOはユーゴスラビア空爆作戦を遂行中でした。イタリア国内の米軍基地はその出撃拠点となっていたため、ロープウェー切断事故で高まっていたイタリア国民の反米軍感情を和らげたいとの思惑があったとはいえ、イタリア政府の強い要求にアメリカは譲歩を強いられたのです。

一方、日本ではどうでしょうか。

二〇一六年一二月のオスプレイ墜落事故では、米軍は日本側の捜査を拒否したまま、事故のわずか六日後にオスプレイの飛行訓練を一方的に再開。在沖米軍トップのニコルソン四軍調整官は、オスプレイが「安全な飛行が継続できると強く確信」(在日米海兵隊ホームページリリース、二〇一六年一二月一九日)しているとのコメントを発表し、日本政府も「米軍の対応は合理性が認められ、(飛行再開は)理解できる」(稲田朋美防衛相)と追認しました。

米軍は、事故の原因になったと思われる空中給油訓練も、約三週間後に再開しました。また、米軍の事故調査報告書すらまとまっていない段階にもかかわらずです。

この時は、米軍は事前に空中給油訓練を再開することを通告してきました。みなさんは「当たり前だ」と思うかもしれませんが、これも日本では当たり前ではないのです。稲田防衛相は記者会見で、「通常、米軍が訓練を行う際に、運用に関わることなので、訓練時間等を含む詳細な情報が日本側に通報されるということはない」(二〇一七年一月七日)として、今回の事前通報が特例であったことを強調しました。

このように、日本政府は米軍に対して、すべて受け身の対応しかとっていません。イギリスやイタリアでは事故の調査にイギリス軍やイタリア軍も関与しますが、日本は「米軍任せ」です。

自国の捜査機関の捜査を拒まれても抗議もせず、事故を起こした側による一方的な調査と説明で、「理解できる」と評価する政府がどこにあるでしょうか。

駐留米軍の行動を制限するイタリアの基地管理権

このように、同じかつての敗戦国であるイタリアと比べても、日本での米軍機墜落事故への対応はあまりにも不平等です。

米軍の墜落事故への対応が日本とイタリアでは天と地ほど違うのは、駐留米軍の活動に受入国側の権限がどこまで及ぶかという点について、両国がアメリカと結んでいる協定に大きな違いがあるからです。

イタリアとアメリカは一九九五年に、「イタリア駐留米軍による基地・施設の使用に関する了解覚書」を締結しました。

具体的な基地使用のルールや手続きの詳細は「実務取り決め」として個々の基地ごとに結ばれていますが、原則として基地の管理権はイタリア側にあります。米軍の司令官は、米軍の要員、装備、活動に関して「全面的な指揮権」を有しますが、「米軍の重要な行動（特に作戦、訓練、輸送、事件・事故）のすべて」について、事前にイタリア軍司令官に通知することが義務付けられています。イタリア軍司令官も同様に、重要な活動のすべてを米軍司令官に通知します。

また、駐留米軍のすべての訓練および作戦行動は、イタリアの法規を遵守しなければいけないと明記し、米軍司令官は訓練の年間計画をイタリア軍司令官に報告し承認を受けなければいけないとしています。

さらに、イタリア軍司令官が米軍の行動が明らかに一般公衆の生命や健康に危険を及ぼすと判断した場合は、直ちにその行動を中止するように介入できるとしています。

●基地使用の実施手続きに関するイタリア国防相とアメリカ国防総省の間におけるモデル実務取り決め　第六条

合衆国司令官は、合衆国要員、装備、そしてその運用に関して、全面的な指揮権を有する。合衆国司令官は、合衆国のすべての行動を、それらが実行に移される事前の段階で、当該イタリア軍司令官に通知する。それらの行動は、軍事作戦そしてその訓練行動、ならびに物資、武器、軍属を含む軍事要員の移動であり、その結果起こるすべての事件／事故の報告を含む。同様に、イタリア軍司令官は、イタリア軍が行うすべての行動を、当該合衆国司令官に通知するものとする。ここで定める手順の詳細については本実務取り決め付録文書五を参照のこと。イタリア軍司令官が、もし、合衆国軍の行動がイタリア国内法に抵触すると認知した時には、当該合衆国司令官にそれを報告するものとする。さらに、その案件が、当該司令官同士で解決不可能な時には、当該イタリア軍司令官は、権限を有する上級のイタリア当局に助言を求め、両国の指揮命令系統がその解決にあたるものとする。問題となった行動の開始は、その係争の解決後とする。

●同 第一七条一項、二項

すべての軍事訓練ならびに軍事行動の計画とその遂行は、当実務取り決め第五条に示される意義と目的に沿い、そして兵力受入国の該当区域において適応されるべき民事ならびに軍事規則に敬意を払いながら、なされるものとする。詳細は、本実務取り決め付録文書一〇を参照のこと。

該当基地施設区域で活動する部隊の行動は、イタリア軍司令官もしくは権限を有する彼の代理を通して、イタリア政府のふさわしい当局に事前通告され、現存する規則に則り、必要適切な協力と承認を得るものとする。さらに、合衆国司令官は、イタリア軍司令官に、該当基地施設を使用する部隊の年次計画を提出するものとする。

つまり、イタリアにおける駐留米軍の行動は、あくまでイタリアの法律と政府が許す範囲内でしか認められていないのです。だから、米軍機の飛行訓練の最低飛行高度をイタリア側で決定できるのです。

国民の生命と財産を守るのが政府の責任であることを考えれば、これは当然のことです。米軍の行動にイタリア政府の権限が及ばなかったり、イタリアの法律が適用されず、米軍がいつでもどこでも自由に低空飛行訓練ができるような状況だったら、政府として国民の安全に責任を持てないからです。

しかし、まさに米軍の行動に政府の権限が及ばなかったり、法律が適用されない状況になっているのが日本なのです。その最大の原因は、日米地位協定にあります。

イタリアでは米軍基地の管理権はイタリア側にありますが、日米地位協定では米軍基地の管理権は完全にアメリカ側にあるからです。

日米地位協定第三条は、次のように定めています。

●日米地位協定　第三条
合衆国は、施設及び区域内において、それらの設定、運営、警護及び管理のため必要なすべての措置を執ることができる。

外務省の機密文書「日米地位協定の考え方　増補版」は、この条文について次のように解説しています。

これが通常施設・区域に対するいわゆる米側の「管理権」と称されるものであつて、施設・区域について米側が排他的使用権を有していることを意味する。排他的使用権とは、米側がその意思に反して行われる米側以外の者の施設・区域への立入り及びその使用を禁止し得る権能並びに施設・区域の使用に必要なすべての措置をとり得る権能を意味するが、これは、地位協定上の施設・区域の本質的な要素であると考えられる。

これだけ読んでも、イタリアの取り決めとはまったく違うことがわかると思います。日本の米軍基地では、米軍が「排他的使用権」を有しており、日本政府の権限はまったく及ばないのです。

このような治外法権ともいえる特権をアメリカ側に与えている理由を、「日米地位協定の考え方　増補版」は次のように説明しています。

3　米軍に提供される施設・区域に右の如き法的地位が与えらるのは、第一に、米軍の使用に供される施設・区域に右の如き法的地位が与えられない限り米軍の有効な機能の発揮が妨げられるということによるが、第二に、他方において、我が国に駐留する米軍（集合体としての米軍及び公務執行中の個々の米軍人・軍隊）には、後述の如く、地位協定に特別の定めがある場合を除き、一般国際法上我が国の法令の適用がなく、したがつて、米軍の軍隊としての活動が施設・区域外で無制限に行われれば我が国の社会秩序に大きな影響が与えられることが予想されるので、米軍の軍隊としての活動は右の如き特別の法的地位を有する施設・区域内に限られるべきであるとの考え方を前提にしたものと解される。

第一章でも述べましたが、日本政府は「一般国際法上、駐留を認められた外国軍隊には特別の取決めがない限り接受国の法令は適用されない」という認識に立っています。しかし、日本の法令が適用されない米軍が日本中で自由に行動すれば「我が国の社会秩序に大きな影響が与えられることが予想される」ので、米軍基地や提供した訓練空域・海域に限って排他的使用権を認めているのだと説明しているのです。

この説明だと、米軍基地や訓練区域の中は日本政府の権限が及ばないけれど、その外では権限が及ぶかのように見えます。ところが、実態はまったくそうなっていません。

在日米軍の低空飛行訓練ルート

このことを象徴するのが、日本各地で騒音問題などを引き起こしている米軍機の低空飛行訓練です。

米軍機の飛行訓練については、「日米地位協定の実施に伴う航空法の特例に関する法律」(航空特例法)により航空法の適用が除外されており、人口密集地では最も高い建物から三〇〇メートル、それ以外では高度一五〇メートルという最低安全高度の規制が適用されません。

日本では一九八〇年代から、各地で米軍機の低空飛行が急増しました。これにより、騒音問題だけではなく、しばしば事故も引き起こされるようになりました。

一九八七年には、奈良県十津川《とつかわ》村で低空飛行訓練中の米軍機が木材運搬用のケーブルを切断する事故が起きました。同村では一九九一年にも、再び米軍機によるケーブル切断事故が発生します。一回目の事故の教訓がまったく生かされずに、同じ事故が再発してしまったのです。

「朝日新聞」が米軍に情報公開請求をして入手した一九九一年の事故の調査報告書によって、米軍が東北、中部、近畿、四国の山間部に、それぞれ「グリーン」「ピンク」「ブルー」「オレンジ」と名付けた四つの低空飛行訓練ルートを設定していることが発覚しました。(「朝日新聞」一九九四年七月二五日)

そして、一九九四年一〇月一四日には、その「オレンジルート」で低空飛行訓練を行っていた厚木基地所属の米海軍攻撃機A6Eイントルーダーが高知県北東部の早明浦《さめうら》ダムの湖面に墜落し、乗員二人が死亡する事故が発生します。

筆者(布施)が入手した米軍の事故調査報告書によると、同機は高度約一五〇メートルの低空を時速約八〇〇キロで飛行中、ほぼ直角に急旋回。限度を超すG(重力加速度)が加わったことでパイロットは意識を失い、そのままダムに突っ込んだとみられています。ダムの五〇〇メートル~一キロ上流には保育園や小・中学校もあり、一歩間違えば大惨事になりかねませんでした。

イタリアの事故と同様、この地域ではそれまでも低空飛行訓練が頻繁に行われ、早明浦ダム

米軍が設定している低空飛行訓練のルート

出所：朝日新聞

を標的にするようにダム堤体に向かって急降下する低空飛行がたびたび目撃されていました。住民は突然襲ってくるジェット機の爆音におびえ、爆音に驚いた家畜の牛が転落して死んだこともあったといいます。そのため、地元自治体は再三、日本政府と米軍に対して訓練の中止を要請していました。

この事故で米軍がまとめた事故調査報告書には、米軍は前出の四つの低空飛行訓練ルートに加えて「ブラウン」「イエロー」「パープル」「北方」の四つのルートも設定していることが新たに判明しました。

さらに、この報告書には米軍の低空飛行訓練ルートについて述べた在日米海軍司令官作成の内部文書が収録されており、次のように記されていました。

航法訓練ルートは、第五空母航空団と第一海兵航空団とが日本駐留中の低高度航法訓練を円滑に行わせるために開発した低高度航法ルートである。これらルートは、日本の航空局によって認知もされておらず、公表もされていない。そういうわけだから、民間航空の操縦士たちに通告する正式の方法もないし、このルートに沿って飛行する場合の障害物や危険について、これを新しい日付のものに更新する方法もない。「目で見て、避けろ」、これがこれらのルートを飛行する場合、特別に重要となるのである。(「在日米海軍司令官覚書」一九九四年三月一四日)

驚くべきことに、米軍は日本政府の了解を得ることもなく勝手に日本の空に低空飛行訓練ルートを設定し、パイロットに障害物は「目で見て、避けろ」と命じて訓練を行っていたのです。

この内部文書は、「目で見て、避けろ」と言いながら、奈良県十津川村で二回発生したケーブル切断事故について、「伐採用ケーブルは、一本の送電線のようなものであって、目で見ることは事実上不可能である」とも述べています。

こんな危険なことが許されるのでしょうか。日本政府はいったい何をしているのでしょうか。米軍の事故調査報告書によって低空飛行訓練ルートの存在が発覚した時、野党議員が国会で、米軍がこうしたルートを日本政府の了解なく一方的に設定し訓練を実施できる法的根拠を質問しました。それに対して、外務省の北米局長は次のように答弁しています。ぜひ質問とあわせて読んでみてください。

高崎裕子議員　米軍の低空訓練が五年前に始まりました。もう全国各地で被害が相次いでおり、（一九）八七年以来、実に二百二十七件に及んでおります。これは今言われた四つのルート以外にも行われて被害が発生し、私の北海道でも特にひどい被害が発生しております。平成五年の九月二十九日に、天塩町では町営牧場で二百頭の牛が放牧されていたんですけれども、ここでは物すごい轟音のためにこの二百頭の牛が暴れて、牧さくは壊すわ、ライトバンの上にのし上がって、そしてこのライトバンも壊すというような大変な被害も生じているわけですね。
地位協定の取り決めもないのに、それから提供した施設でも訓練空域でもないのに、米軍がもう勝手に訓練ルートを設定して自由自在に訓練を行えるという根拠は一体何なんでしょうか。

北米局長　根拠は何かというお尋ねでございますが、地位協定の立て方と申しますのは、こういう種類の訓練はいいというふうに書いているという、そういう立て方には実はなっていないわけでございます。米軍によりますところの例えば実弾射撃を伴うといったような、そういうものであれば別でございますが、そうでない通常の飛行訓練、こういうものは地位協定上、施設、区域の上空に限定して行うことが予想されている活動である、こういうわけではございませんで、施設、区域の上空外においてもこれを行うことは地位協定上認められているところだ、こういうことでございます。（一九九四年七月一八日、参議院決算委員会）

つまり、実弾射撃を伴うような訓練でなければ、日本政府が正式に提供した基地や訓練区域の外で訓練を行っても地位協定上問題ないと言っているのです。

ルートの存在を日本政府として知っているかとの質問にも、北米局長は「詳細については米軍の運用にかかわる問題なので承知していない」と回答した上で、「米軍が安保条約の目的達成のために我が国に駐留しておる、そのために必要な訓練を行う、このことは地位協定上も認められる」（同）と全面的に追認しました。

「追認」と書いたのは、日本政府は日米地位協定ができた当初から、米軍基地や訓練区域外での訓練を容認する立場ではなかったからです。

日米安保条約の改定案が審議されていた一九六〇年の衆議院特別委員会で、この問題が議論になりました。

野党議員が、米軍の飛行訓練を日本の上空で認める以上、「非常に広い範囲にわたって、あるいは飛行機が墜落をしたり、もし実弾でも撃ち合えば、そのたまが飛んできて地上にいる日本人を傷つけたり、民家を焼いたり、いろいろな問題が起きてくる」ので日本政府としてどう対策するのか質問したところ、丸山佶調達庁長官は、こう答えました。

空軍の演習の場合には、（中略）演習区域というものを指定しております。従いまして、その演習は、その上空においてのみ行なわれることになります。なお、これに関しまする通報は、米軍から調達庁に来、調達庁から地元の県庁に通達し、関係方面に伝える、このような通告措置もなされております。なお、そこへ行く飛行のルートについても取りきめがございまして、それらのことは、すべて合同委員会できめております。（一九六〇年五月一一日、衆議院日米安全保障条約等特別委員会）

空軍の飛行訓練は、日本政府が正式に提供している演習区域の上空だけで行われると明言しているのです。しかも、演習区域で訓練する場合でも、事前に米軍から日本政府に通報がなされ、日本政府はそれを地元自治体に伝えるとも述べています。

この立場は、外務省が一九七三年に作成した最初の「日米地位協定の考え方」にも記されています。

米軍は、協定第五条で規定されるが如き国内での移動等の場合を別とすれば、通常の軍隊としての活動（例えば演習）を施設・区域外で行なうことは、協定の予想しないところであると考えられる。

しかし、この一文は一九八三年に改定された「増補版」では削除され、代わりに次のように解説しています。

空対地射爆撃等を伴わない単なる飛行訓練は、本来施設・区域内に限定して行うことが予

日本政府が米軍に提供している訓練区域

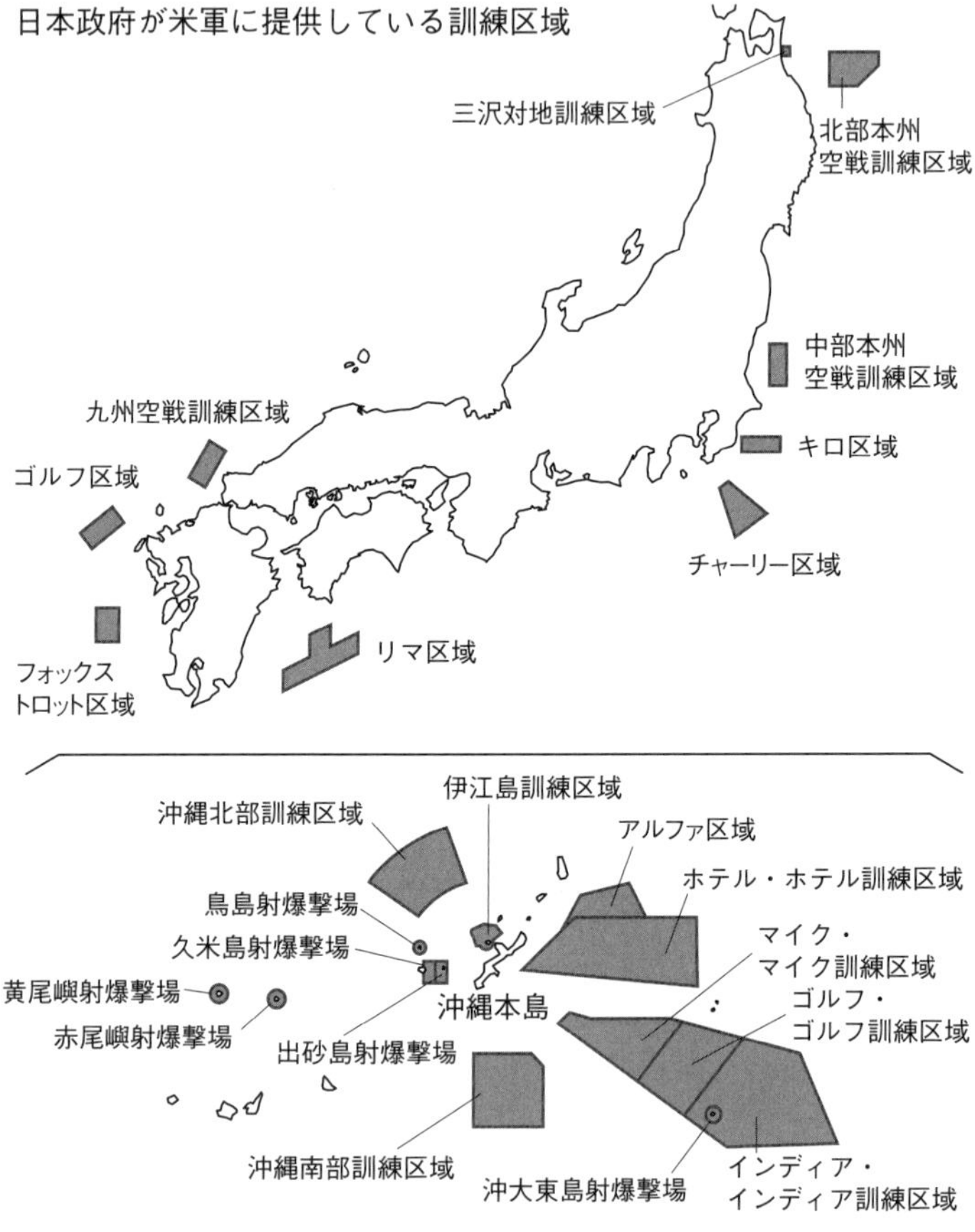

想されている活動ではなく、地位協定上、我が国領空においては施設・区域上空でしか行い得ない活動ではない。（「日米地位協定の考え方　増補版」）

このことから推察されるのは、一九七三年から一九八三年の間に、日本政府が地位協定の解釈を米軍の実際の活動やニーズに合わせて変更していたということです。

一九八〇年代に入って米軍機の低空飛行訓練が全国各地で急増した裏には、国民の知らないうちに、日米合同委員会などでこのような重大な解釈変更が行われていた可能性があります。

日本にはアメリカに合意を守らせる権限がない

米軍機の低空飛行訓練による騒音被害や事故が各地で問題になり、地方自治体や住民からの訓練中止を求める声が高まるなか、日米両政府は一九九九年一月、米軍機の低空飛行訓練の安全性を最大限確保し、住民に与える影響を最小限にするための措置について合意します。

日米合同委員会で確認されたこの合意は、低空飛行訓練を「（在日米軍の）戦闘即応体制を維持するために必要」で「日本で活動する米軍の不可欠な訓練」だと強調した上で、在日米軍は主に次の措置をとるとしています。（外務省ホームページ「在日米軍による低空飛行訓練について」より以下、要約）

①低空飛行訓練を実施する区域を継続的に見直す。訓練では、原子力発電所や民間空港などを回避し、人口密集地域や学校、病院等に妥当な考慮を払う。
②低空飛行訓練では、国際民間航空機関（ＩＣＡＯ）や日本の航空法により規定される最低高度基準と同じ飛行高度規制を適用する。
③訓練に先立ち、訓練区域における障害物ないし危険物について、定期的な安全性評価の点検を行う。
④訓練に先立ち、飛行クルーは、標準的な運用手続及びクルーの連携機能をレビューするため徹底したブリーフィングを実施し、計画された飛行経路を念入りに研究する。
⑤（騒音被害軽減のため）週末及び日本の祭日における低空飛行訓練を、米軍の運用即応態勢上の必要性から不可欠と認められるものに限定する。

こうした合意がなされたことは、日本国民の安全を確保し、騒音被害などを軽減する上で意味のあることです。しかし、最大の問題は、日本側にこれらの合意を米軍に守らせる権限がまったくないことです。実際に、この合意の後も、日本の航空法が定める最低高度以下の飛行や人口密集地や学校、病院上空での飛行が各地で続いています。

低空飛行ではありませんが、最近では沖縄県でこんな米軍の飛行訓練が問題となりました。オスプレイが名護市東海岸に墜落する一週間前の二〇一六年一二月六日、宜野座村《ぎのざそん》の住宅地の上空で、オスプレイが物体をつり下げて飛行する訓練を行ったのです。

沖縄では一九六五年六月一一日に、物資投下訓練中にパラシュートを取り付けた米軍のトレーラーが民間地に落下し、小学五年生の少女が死亡する事故が起きたこともあり、地元自治体は住宅地上空では危険な訓練を行わないよう再三要請してきました。

今回も県と宜野座村はただちに抗議しました。また、防衛省の沖縄防衛局長も同日夜に在沖米海兵隊司令部を直接訪問し、「常日頃から危険な訓練をしないよう申し入れているのに、このような訓練をしたのは許しがたい」(「東京新聞」二〇一六年一二月七日)として強く抗議したと報じられています。

ところが米軍は抗議を無視し、翌日もその次の日もつり下げ訓練を実施したのです。

沖縄防衛局長が抗議したにもかかわらず米軍がつり下げ訓練を続行したことについて、日本政府としてさらなる対策をとらないのかと記者会見で質問された稲田防衛相は「安全に配慮していただくように(米軍に)申し入れを続けていきたい」と答えるだけでした。

そもそも、オスプレイの飛行訓練については、二〇一二年九月一九日の日米合同委員会合意「日本国における新たな航空機(MV-22)に関する合同委員会への覚書」で「できる限り学校や病院を含む人口密集地域上空を避ける」と決めています。しかし、沖縄ではこの合意はまったく守られていないのが実情です。

イタリアでは米軍基地の管理権がイタリア側にあり、イタリア軍司令官が米軍の活動に介入する権限が両国の取り決めで認められています。米軍が合意に違反していれば、米軍の飛行訓練を承認しないこともできるのです。

しかし、日米地位協定では米軍基地に排他的使用権を認め、米軍機には日本の航空法の適用を免除しているため、日本側は米軍の活動に介入することはできません。合意違反があっても、合意を守るようにひたすら申し入れを続けることしかできないのです。

これでは、政府として国民の安全に責任が持てません。これが、はたして「主権国家」といえるでしょうか。

オスプレイの運用制限を打診したが……

実は、米軍がオスプレイを日本に配備する前、日本政府がオスプレイの運用に「例外的な運用制限」を課すことができないかアメリカ側の感触をうかがおうとしていたことが、野党議員が独自に入手した日米合同委員会の記録文書から明らかになっています。

文書は、「オスプレイに関する日米合同委員会（概要）」と題した防衛省の内部文書で、二〇一二年七月二六日に開催された合同委員会で協議した概要が記録されています。共産党の笠井亮衆院議員が入手し、二〇一六年五月一三日の衆議院外務委員会に示しました。

日米合同委員会の議事内容は、日米双方の同意がない限り公表しないルールになっているとされており、このような文書が外に出るのは極めて異例のことです。文書には、すべてのページに「取扱厳重注意」の但し書きがあります。

この日の合同委員会では、これから米軍が日本に配備しようとしているオスプレイの運用について協議が行われました。

日本側からは、「オスプレイに対する厳しい反応が沖縄だけではなく、全国的に広がっており、また、これまで米軍に協力的な人や自治体、与党内からも厳しい反応が示されている」と、オスプレイ配備に対する厳しい国内事情がアメリカ側に伝えられます。そして、オスプレイ配備に対する日本国民の懸念を払拭するための措置について、できる限り住宅地上空を避けて飛行することが可能かなどが話し合われます。

そのなかで日本側は、「オスプレイの円滑な配備、運用という観点から、その他の運用制限に係る事項についても、ハードルは高いが例外的な検討をお願いする可能性がある」とアメリカ側に伝えます。

日本政府は、これまでの経験からハードルが高いことは重々承知の上で、それでも国民の理解を得てオスプレイを円滑に配備、運用するためには一定の「運用制限」が必要になると考えていたのだと思われます。

しかし、アメリカ側の反応は冷たいものでした。

文書には次のように記録されています。

米側から、運用能力の制限、作戦運用計画への制限を与えかねず、日米地位協定に関わることとなるため困難である旨とりあえず応答。

公表しないことを前提にした話し合いだけに、日米ともにそれぞれの主張をストレートに出し合っています。この生々しいやりとりに、在日米軍の運用にかかわる今の日米関係が凝縮されているのではないでしょうか。アメリカ側は、まさに日米地位協定を盾《たて》にして、日本側が米軍の運用に介入することを拒んだのです。

米軍機墜落事故で改定を求める世論が高まったドイツ

ドイツでも、一九九〇年に東西ドイツが統一し、完全に主権を回復するまでは、米軍が縦横無尽に低空飛行訓練を行っていました。

当時は、西ドイツの空の約七割が高度一五〇メートルから四五〇メートルまでの低空飛行訓練空域に設定され、さらに、高度七五メートルから一五〇メートルまでの超低空飛行訓練空域が七カ所設けられていました。

西ドイツでボン補足協定の改定を求める世論が高まったのも、低空飛行訓練が最大の要因でした。

一九五九年に調印されたボン補足協定は、「軍隊または軍属機関は、その排他的な使用に提供される施設区域内において、その防衛の任務を十分に遂行するために必要とされるすべての措置をとることができる」（第五三条一項）と定め、ＮＡＴＯ諸国軍に基地の排他的使用権を認めていました。そのため、現在の日本と同じように、米軍を中心とするＮＡＴＯ諸国軍の活動に西ドイツ政府の権限は及ばなかったのです。

このような治外法権的な協定に、ドイツ国民の批判の目が向けられる契機となったのは、一九八八年に相次いで起こったＮＡＴＯ諸国軍の軍用機の墜落事故でした。

この年の三月には、西ドイツ南西部に米軍のＦ16戦闘機が墜落し、パイロットと住民一人の二人が死亡しました。墜落現場は原発からわずか一・五キロメートルだったこともあり、低空飛行訓練の危険性に多くの西ドイツ国民が注目するきっかけとなりました。

六月には、米軍のＦ16戦闘機が同じ日に三機も墜落。度重なる墜落事故に、各地で低空飛行訓練の中止を求める住民運動が起こり、七月には、西ドイツ最大の米軍基地ラムシュタイン空軍基地があるラインラントファルツ州の議会が、低空飛行訓練を全面的に禁止することを連邦政府に求める決議を採択します。

その直後の八月でした。ラムシュタイン空軍基地で行われた航空ショーで、イタリア空軍の曲芸飛行チームが編隊飛行中に空中で接触し、炎上しながら墜落。地上にいた観客とパイロット合わせて七五人が死亡し、三五〇人近くが負傷する大惨事となりました。

さらに、一二月には、米軍のＡ10攻撃機が西ドイツ中部で低空飛行訓練中に住宅密集地に墜落。同機が搭載していた三〇ミリ機関砲の弾薬一〇〇〇発が次々に爆発して火災が発生、パイロットを含む七人が死亡し、五〇人以上が重軽傷を負います。

これだけの事故が相次ぎ、大きな被害が出ているにもかかわらず、西ドイツ政府がNATO諸国軍の低空飛行訓練を止めることができない現状に、西ドイツ国民の多くが不平等なボン補足協定によって主権が制限されていることに気が付きます。

一九九〇年の東西統一後のドイツ政府は、こうした国民世論を背景に、ボン補足協定の改定交渉に臨んだのです。

その結果、一九九三年に改定されたボン補足協定では、前出の第五三条一項の後に、NATO諸国軍の基地の使用には原則としてドイツの法律が適用されると明記されました。これにより、NATO諸国軍はドイツの法律が許す範囲内でしか管理権を行使できないこととなったのです。

●一九九三年に改定されたボン補足協定　第五三条一項

軍隊又は軍属構成員は、その排他的な使用に提供される施設区域内において、その防衛の任務を十分に遂行するために必要とされるすべての措置をとることができる。当該施設区域の使用についてはドイツの法令が適用される。ただし、以下の事例についてはその適応が除外される。本協定及び他の国際協定に別段の取り決めがある場合。ならびに、軍隊そして軍属構成員、その家族が属する内部の組織、運営と管理に関するもの。ならびに、その他の内部事項であって、第三者の権利、隣接する地方自治体、もしくは、一般公衆に対して、いかなる予見可能な影響を及ぼさないもの。
該当部隊の責任当局とドイツ当局は、生ずる可能性のあるいかなる意見の相違も解消するために相互に協議し、かつ協力するものとする。

さらに、基地の外での訓練についても、改定前は駐留軍の権利として認められていましたが、改定後は陸上でも空域でもドイツの法律に従い、ドイツの国防大臣の承認を得なければ行えないようになりました。

●同　第四五条一項
派兵国軍隊は、その排他的使用に提供されている施設区域内において、その訓練の目的に則り、それを実施することができない場合には、本条に基づき、かつドイツ連邦国防大臣の同意を条件として、その防衛任務の遂行上で必要とされる範囲内で、施設区域外での機動演習その他の訓練を行う権利を有する。ドイツ連邦国防大臣の決定は、欧州駐留連合軍最高司令官、もしくは北大西洋条約機構のその他の権限ある当局、または欧州の権限ある当局が決定する訓練実施の要求を含めて、ドイツ連邦共和国が該当派兵国と締結する多数国間または二国間の協定から発生しうるすべての可能性について、適切に考慮した上で下されるものとする。本条に従って実施される機動演習、その他の訓練のためにドイツ連邦共和国を訪れる部隊の行動と参加は、権限あるドイツ当局の承認を必要とする。機動演習その他の訓練の通知、調整及び認可の手続きについては別の協定で定める。

●同　第四六条一項

派兵国軍隊は、権限あるドイツ当局の承認を条件に、かつその防衛任務を遂行する上で必要な範囲内において、本条に基づいてドイツ連邦共和国の空域で機動演習その他の訓練を行う権利を有する。権限あるドイツ当局の決定は、欧州連合軍最高司令官、もしくは北大西洋条約機構のその他の当局、またはヨーロッパの権限ある当局が決定する訓練実施の要求を含め、ドイツ連邦共和国が派兵国と締結する多数国間または二国間の協定から発生するすべての可能性について十分に考慮した上で下されるものとする。

つまり、基地の中でも外でも、駐留軍には原則としてドイツの法律が適用されることとなったのです。これにより、米軍をはじめとするＮＡＴＯ諸国軍による低空飛行訓練は回数・時間ともに厳しく制限されることになり、協定改定前と比べて大幅に減りました。

基地の環境汚染調査には米軍の同意が必要

駐留米軍の活動が受入国の市民の命や安全に重大な影響を与えるのは、低空飛行訓練だけではありません。

たとえば、基地の環境汚染問題があります。沖縄県は二〇一六年、米軍嘉手納基地周辺を流れる川やそれを水源とする浄水場から、国内では製造も使用も原則禁止されている有機フッ素化合物ＰＦＯＳ（ピーホス）が高濃度で検出されたと発表しました。ＰＦＯＳは、米軍の泡消火剤などに使われているとみられます。

沖縄だけではありません。二〇〇二年には、神奈川県の米陸軍キャンプ座間《ざま》（相模原市、座間市）内の焼却炉の排煙から、日本の環境基準を最大で約四倍上回るダイオキシンが検出されていたことが明らかになりました。キャンプ座間では二〇〇六年にも、焼却炉の燃料に使う軽油が地下埋設管から大量に漏れ出し、近くの川に流出するという事故が発生しています。

このように米軍基地から有害物質が付近の川や大気中に排出されれば、周辺に暮らす住民の健康に重大な影響を及ぼす危険性があります。

他の国の米軍基地でも、このような環境汚染事故がしばしば発生しています。韓国のソウル市は二〇一六年一二月、龍山米軍基地周辺の地下水から、基準値の五〇〇倍以上の高濃度のベンゼンと石油系炭化水素が検出されたと発表しました。

ソウル市では二〇〇一年に、龍山基地の近くの地下鉄のトンネル内で大量の油が見つかり、調査の結果、油は龍山基地から流出したものであることが判明しました。

同市は二〇〇四年から年間五億ウォン（約五〇〇〇万円）余りの費用をかけて浄化作業を続けていますが、地下水の汚染はいっこうになくなりません。そのため、ソウル市は基地内の汚染源の調査と除去が必要だと主張しています。

しかし、韓国の米軍基地も、日本と同じように韓米地位協定によって排他的使用権が認められているため、韓国政府や地元の自治体が基地に立ち入ることはできません。

ただし、二〇〇一年の韓米地位協定改定の際に環境条項が新設され、それに基づいて結ばれた「環境に関する特別了解覚書」で、在韓米軍基地で環境汚染が発生した場合、韓国側が基地内に立ち入って米軍と共同調査を行う権利が認められました。

日本も、二〇〇〇年に日米で合意した「環境原則に関する共同発表」によって、日本側が基地に立ち入って米軍と共同調査ができるようになりました。二〇一五年には、それを法的拘束力のある「環境補足協定」に格上げしました。

しかし、韓国でも日本でも、受入国側が米軍基地に立ち入って調査を行うには、米軍の同意が必要です。日本の「環境補足協定」では、日本側から立ち入り調査の申請があった場合、米軍は「妥当な考慮を払う」としています。つまり、「ちゃんと検討はするけど認める約束はできません」という意味です。

これは、地位協定で米軍に基地の排他的使用権が認められているからです。だから、いくら基地の環境汚染が周辺の市民に影響を与える危険性があるからといっても受入国側の当局が自由に基地に立ち入ることはできないのです。

二〇〇七年五月に沖縄の嘉手納基地で航空機用のジェット燃料が四日間にわたってタンクか

ら流出する事故が起こった際、米軍は沖縄県や地元自治体の立ち入りは認めましたが、土壌などのサンプル採取は最後まで認めませんでした。県や地元自治体は基地に立ち入り、現場をただ眺めることしかできなかったのです。

一方、基地の管理権を持つイタリアや米軍基地内にも国内法が適用されるドイツでは、どうなっているでしょうか。

イタリアの「基地使用の実施手続きに関するモデル実務取り決め」では、イタリア軍司令官に「基地のすべての区域に、いかなる制約も受けずに自由に立ち入る」権利を明記しています。さらに、一一二ページの低空飛行訓練のところですでに紹介したように、イタリア軍司令官は「明らかに一般公衆の生命や健康に危険を及ぼすと考えられる米軍の行動」に対しては直ちに中止させるために介入できるとしています。

イタリア軍司令官と米軍司令官が対等な立場で米軍基地の運用、管理の責任を明記する同取り決めでは、基地の所在する地元の政府当局と「伊米合同委員会」を設け、基地ごとに発生する問題や苦情を処理するとあります。問題が発生した地域で、当事者たちが迅速に対処するための地方分権がうたわれているのです。また、米軍基地内での廃棄物処理はイタリアの基準に従って行うことを義務付けています。

ドイツも一九九三年のボン補足協定の改定前は、ＮＡＴＯ諸国軍に基地の排他的使用権を認めていたために、基地からの油や有害廃棄物流出の被害をしばしば受けてきました。そのため、協定改定交渉には環境の問題を重視して臨みました。

改定で基地内でのNATO諸国軍の活動にも原則としてドイツ国内法が適用されることになったため、ドイツの環境法が適用されることになりました。

さらに、環境条項（第五四条A）が新設され、NATO諸国軍のすべての行動計画について、人間、動植物、土壌、水、空気、気候、文化財などの環境に重大な影響を与えないかアセスメントの実施を義務付けています。また、基地で使用する燃料やその他の添加剤等は、ドイツの法令に従い有害物質含有量の少ないものを用いなければならないと定めています。

立ち入りについては、連邦、州、市町村の各当局がドイツの利益を守るために必要だと判断した場合は、事前通告をして立ち入ることができます。緊急の場合には、通告なしでも立ち入ることができます。

また、基地を返還する時に土壌などが汚染していた場合、駐留軍の派遣国側が原状復帰する義務を負います。これは、イタリアも同様です。

ところが、日本と韓国では米軍は原状復帰義務を負いません。このことも、米軍のずさんな環境管理の要因になっているのではないかと思われます。

平時なのに治外法権を米軍に与えた日米地位協定

ここまで読んでくださった方には、おそらく、イタリアやドイツの協定と日本や韓国の地位協定の根本的な違いを理解していただけたかと思います。

前者と後者では、「原則」と「例外」の関係が一八〇度違っているのです。

ここで、あらためて、駐留軍の法的地位に関する日本政府の基本的な立場を確認しましょう。

一般国際法上、駐留を認められた外国軍隊には特別の取決めがない限り接受国の法令は適用されず、このことは、日本に駐留する米軍についても同様です。（中略）一方で、同じく一般国際法上、米軍や米軍人などが我が国で活動するに当たって、日本の法令を尊重しなければならない義務を負っており、日米地位協定にも、これを踏まえた規定がおかれています。（外務省ホームページ「日米地位協定Q＆A」）

この文章と、一三二ページで紹介したボン補足協定の第五三条一項を比べてみると違いがはっきりします。

ボン補足協定では、原則として駐留軍にもドイツの法令が適用されると明記されています。日米地位協定の「法令を尊重する」とボン補足協定の「法令が適用される」では、まったく意味が異なります。

ボン補足協定は、原則としてドイツの法律が適用され、例外として、特別な取り決めがある場合や駐留軍の内部的な問題で第三者の権利や地方自治体・住民に影響を与えない場合に限りドイツ法の適用から除外されると定めています。

日米地位協定はまったく逆で、原則として米軍には日本の法令が適用されず、適用されるのは例外的に特別な取り決めがある場合に限る、あとは尊重するだけでいいと定めているのです。

ここが、同じアメリカの同盟国でも、「主権国家」であるか、半ば主権を放棄した「従属国家」であるかの大きな分かれ目となっているのです。ドイツは、一九九三年のボン補足協定の改定で、後者から前者になりました。協定の改定により、文字通り、主権を取り戻したのです。

先ほど、ドイツは東西統一で「準戦時」を終わらせたことで、ボン補足協定をドイツの主権を最大限貫く方向で改定することができたという話をしました。その意味では、朝鮮半島がいまだに「終戦」しておらず（休戦中）、南北分断が続いている韓国の地位協定は、「準戦時」下の地位協定といえます。

日本は、一九五二年四月二八日にサンフランシスコ講和条約が発効したことで、主権を回復しました。一九六〇年に結ばれた日米地位協定は、独立した主権国家どうしが結んだ「平時」の地位協定にもかかわらず、「準戦時」下の韓米地位協定と同じような「治外法権」を米軍に与えているのです。

同じ「平時」でも、ドイツやイタリアはＮＡＴＯという「互恵性」を認め合う多国間協定だから、単純に日米地位協定のような二国間協定と比べられない、という意見もありそうです。

では、フィリピンとアメリカの二国間協定を見てみましょう。

第一章で扱ったようにフィリピンは刑事裁判権において「準互恵性」を獲得していますが、二〇一四年に新たに締結された「米比防衛協力強化協定」では、米軍が使用するすべての土地や施設へのフィリピン政府当局のアクセス権を明記しています。そして、「所有権（ownership）」という条項を個別に設け、それは「すべての所有権はフィリピンにあり」の一文で始まります。

環境基準に関しては、両国そして国際条約の基準の間で、より厳しい基準への遵守を義務付けるのは、日米の「環境補足協定」と同じです。それでも、どんな場合でも、最終的にフィリピンの基準が明確に反映されるべきだと明記されています。

しかし、日米のそれには――日本政府の公式和訳文にはそれがうまく読み取れないのですが――最終的な決定基準はアメリカにあるとされています。

このように、アメリカが受入国の主権に気を遣う傾向は、「平時」の地位協定にとどまりません。「準戦時」にあるアフガニスタンがアメリカおよびNATOと二〇一四年に締結した地位協定では、アフガニスタンの「主権（sovereignty）」は四カ所にわたって明示されています。アフガニスタンにおけるすべての陸、水、空域の主権はアフガニスタンにあるとして、駐留軍がそれらを使う場合はすべてアフガン政府当局が管理するとしています。

そんな「主権への配慮」は、「平時」にもかかわらず、日米地位協定ならびに環境補足協定にはみられません。

国外での軍事作戦に駐留米軍基地を使うことへの反発

低空飛行訓練や環境汚染のほかに、もう一つ、駐留軍の活動が受入国の国民の生命や安全に重大な影響を与えることがあります。

それは、駐留軍がその基地を用いて受入国の外で行う軍事作戦です。

もし自分の国にある米軍基地から出撃した米軍機が外国で空爆をしたら、その国はその基地に対して反撃するかもしれません。つまり、米軍の行動の結果、戦争に巻き込まれる危険性があるのです。

二〇〇三年に米英軍がイラクを攻撃した時、イラクと国境を接するトルコは国内の米軍基地の作戦への使用を拒否しました。

トルコはNATOの加盟国で、南部にあるインジルリク空軍基地はトルコ空軍と米軍が共同使用しています。アメリカはイラクを攻撃する際、同盟国であるトルコからイラク北部に攻め込む計画を立て、半年間の期限つきで最大で兵員六万二〇〇〇人と二五五機の戦闘機、六五機のヘリコプターのトルコへの展開を要請しました。

トルコ政府は多額の財政支援と引き換えに了承しましたが、野党は「戦争に巻き込まれトルコ国民が苦しむことになる」と強く反対。国民の九割以上がイラク攻撃に反対する世論を背景に与党内でも慎重論が広がり、議会は政府の提案を否決します。米軍は計画の変更を余儀なくされました。

イタリアも、アメリカが一九八六年にリビアに対する空爆を行った際、ＮＡＴＯ域外での作戦は認められないとしてイタリア国内の基地からの出撃を拒否しました。

このように、たとえ米軍駐留を受け入れていても自由には使わせない、特に米軍が基地を国外での戦闘作戦行動に使う場合は、その可否を受入国側で主体的に判断するというのが世界のスタンダードです。国家が参加あるいは加担する軍事作戦が、ひるがえって国民の安全にどういう影響を及ぼすかを考えるのは、主権国家として当たり前のことです。

国外での軍事作戦に基地を用いることを、明確に禁止した地位協定もあります。二〇〇八年にイラクがアメリカと結んだ地位協定です。これには、イラク側の強い要求で、**「他国を攻撃するためのルートもしくは出撃地点として、イラクの領土、海域及び空域を使用することは許されない」**という条項が盛り込まれました。

イラクがこの条項を強く要求したのには、理由があります。

地位協定の交渉が行われている最中の二〇〇八年一〇月、イラクに駐留する米軍の特殊部隊が国境近くのシリアの村を越境攻撃したのです。イラクに外国人戦闘員を送り込む国際テロ組織アルカイダに関係するネットワークを狙って攻撃したといいます。イラク政府は、米軍が無断で隣国に越境攻撃を行ったことに強く抗議し、地位協定に国外への攻撃禁止を明記するよう要求。アメリカ側も、地位協定締結のために、これに譲歩せざるをえなくなりました。

占領が終結してまだ数年しか経っていないのに、イラクは以下の条文にあるようにここまで米軍の行動を制限することに成功したのです。

●イラク・米地位協定　第二七条

イラクの防衛と安定を支援し、国際社会の平和と安定に貢献すべく、イラク・アメリカ政府双方は、イラクの主権、政治的独立、領土的統一およびイラク憲法に基づく連邦民主制に対する脅威を抑止できるよう、イラク政府の政治的・軍事的能力の向上のため尽力する。そのために、以下のとおり合意する。

1　イラクの主権、独立および領海、空域を含む領土的統一、そしてイラクの民主主義、それによって選ばれた政府を脅かす内的・外的脅威がある場合、イラク政府の要請に基づき、イラク・アメリカ政府双方は戦略協議を直ちに開始し、双方の合意に基づき、アメリカは、かかる脅威に対処すべく、外交的・経済的・軍事的措置を執る。

2　イラク・アメリカ政府双方は、イラクの国軍、治安維持組織、そして民主主義の強化と維持のために緊密な協力をするものとする。その協力とは、イラク政府が要請し、双方が合意するところに従い、国内・国際テロ組織およびその他の非合法集団に対処するためのイラク国軍、治安維持部隊への訓練・装備・武器の供給を含む。

3　イラクの領土、海域および空域を、他国を攻撃するためのルートもしくは出撃地点として使用してはならない。

密約で骨抜きにされた事前協議制

それでは、日本はどうなっているのでしょうか。

日本でも、地位協定の前身である行政協定を締結する交渉（一九五二年）の時に、すでに在日米軍の行動によって日本が戦争に巻き込まれる危険性は認識されていました。しかし、その交渉自体が占領下で行われたということもあり、在日米軍の軍事行動に日本政府が介入する権限を主張することは困難でした。

それから六年後、このように占領下という特殊な状況で結ばれた「行政協定」を改めるチャンスが訪れます。

「日米新時代」を掲げる岸信介政権（一九五七年〜六〇年）の下で、日米安保条約の改定交渉が始まるのです。それにともない、当然、行政協定の改定も議題に上ります。

交渉に臨むにあたって外務省が問題点を整理した内部文書では、「日本政府と相談なしに行われる在日米軍の使用の結果、日本が其の意に反して戦争に巻き込まれる」ことがありうるとして、在日米軍基地を「作戦基地とする場合は、日本政府の事前同意を要することとする」ようアメリカ側の約束を取り付ける方針が検討されています。

この方針は、いわゆる「事前協議制」の導入という形で実現します。

一九六〇年一月一九日に岸首相とハーター国務長官との間で、米軍が次の三つの行動をとる場合は日本政府と事前協議をすることを確認する「交換公文」が交わされました。

①合衆国軍隊の日本国への配置における重要な変更
②同軍隊の装備における重要な変更
③日本国から行われる戦闘作戦行動（前記の条約第五条の規定に基づいて行なわれるものを除く。）のための基地としての日本国内の施設及び区域の使用

この事前協議制について、岸首相は国会で「日本の安全と平和、日本が不当に戦争に巻き込まれるような危険があるのではないかという国民の懸念も考えまして、これを事前協議の対象として、日本は自主的に、日本の平和と安全に関係のないような場合におきましてはこれを拒否していくという根拠を明らかに」したと説明しました。（一九六〇年二月一〇日、参議院本会議）

これだけだと日本の要求がそのまま通ったかのように見えますが、実は、日米両政府は裏でこれを骨抜きにするような「密約」を結んでいたのです。

密約は、一九六〇年一月六日に当時の藤山愛一郎外相とマッカーサー駐日大使との間で作成された「討議の記録」という文書で、二〇一〇年に外務省がその存在を認め、公表しました。

③の戦闘作戦行動については、米軍機が日本国外で空爆を行うために日本の基地から直接発進する場合は事前協議の対象とする一方、日本に配備されている米軍機が日本国外に移動し、そこから発進して空爆を行う場合は事前協議の対象とはならないという解釈で合意していたの

です。

その結果、アメリカは安保改定後も、「発進ではなく移動」という名目で日本と事前協議をせずに在日米軍をベトナムやアフガニスタン、イラクなどの戦闘に投入してきました。これまで、事前協議が行われたことは一度もありません。事前協議制は、岸首相の国会での説明とはまったく異なり、密約によって有名無実化してしまっているのです。

これにかかわって、日米間にはもう一つ、重大な「密約」がありました。

それは、朝鮮半島有事の際は、事前協議をしなくても在日米軍は出撃できるというものです。

これは一九六〇年六月二三日、当時の藤山外相とマッカーサー駐日大使との間で結ばれた密約です。二〇〇八年にジャーナリストの春名幹男氏がアメリカのミシガン大学フォード大統領図書館で発見し、二〇一〇年に日本の外務省も同じ内容の文書の存在を認めました。

藤山外相はマッカーサー大使に次のように約束し、議事録に両者がサイン。議事録は非公表とされました。

マッカーサー大使　朝鮮半島において停戦協定の違反による攻撃が行われた際、在日米軍が直ちに日本からの戦闘作戦行動を取らなければ国連軍としての反撃ができない事態が生じうる。そのような例外的な緊急事態が生じた場合、日本における基地を作戦上使用することについての日本政府の見解を伺いたい。

藤山外相　在韓国連軍に対する攻撃による緊急事態における例外的な措置として、停戦協定の違反による攻撃に対して国連軍の反撃が可能となるように、国連統一司令部の下にある在日米軍によって直ちに行う必要がある戦闘作戦行動のために日本の施設・区域が使用されることができる（may be used）というのが日本政府の見解であることを岸総理からの許可を得て発言する。（外務省「いわゆる『密約』問題に関する調査報告書」二〇一〇年三月）

日本側は当初、このような密約を結ぶことは「事前協議に関する折角の新な交換公文の国内的効果を減殺するものであって容認し難かった」（外務省交渉記録）と反発していましたが、アメリカ側の強い要求に押され、ついに「不承不承ながら同意」（アメリカ側交渉記録）してしまいました。

二〇一〇年、当時の民主党政権が歴代の自民党政権が否定してきたこの密約の存在を認め公表しました。その際、日米両政府は同密約が無効であることを確認し、朝鮮半島有事の際にアメリカ側が事前協議を申し出れば、日本側が「適切かつ迅速に対応する」ことで合意しました。この合意では、事前協議の結果、日本が米軍の出撃を拒否するということはほとんど想定されていないと見てよいでしょう。密約が無効になっても、実質的には何も変わっていないのです。

「朝鮮国連軍」地位協定

朝鮮半島有事で在日米軍が出撃する場合、韓国に司令部がある「朝鮮国連軍」に組み込まれて作戦に当たることになります。

朝鮮国連軍は、国連憲章第七章に基づいて安保理が統括する「国連軍」ではなく、米軍司令官の統一指揮下で活動する多国籍軍です。根拠となる安保理決議は、一九五〇年に北朝鮮が韓国に侵攻した直後に、ソ連欠席の下で採択されました。この決議により、「国連軍」の名称と国連旗を用いることを認められたのです。

朝鮮戦争は現在も「休戦状態」なので、朝鮮国連軍も残っています。現在は、在韓米軍司令官が朝鮮国連軍司令官を兼務しています。日本にも朝鮮国連軍の後方司令部が東京都の横田基地に置かれ、七つの米軍基地（横田基地、神奈川県のキャンプ座間と横須賀基地、長崎県の佐世保基地、沖縄県の嘉手納基地、普天間基地、ホワイトビーチ）が朝鮮国連軍の基地にもなっています。これらの基地には、日米の国旗とともにブルーの国連旗が立てられています。

そして、日本政府は、朝鮮国連軍に参加する一一カ国（アメリカ、オーストラリア、イギリス、カナダ、フランス、イタリア、トルコ、ニュージーランド、フィリピン、タイ、南アフリカ）と「朝鮮国連軍地位協定」を締結しています。

一九五三年に結ばれた朝鮮戦争の休戦協定の当事者は、朝鮮国連軍（アメリカ）と朝鮮人民軍（北朝鮮）と中国人民志願軍（中国）です。もしこの休戦協定が破られ、再び戦争状態に入ったら、在韓米軍も韓国軍も在日米軍も朝鮮国連軍に組み込まれて戦うことになります。そして、日本は朝鮮国連軍地位協定に基づき、朝鮮国連軍の作戦のために便宜を図ったり、さまざまな支援を行うことになります。

普段はほとんど注目されることのない朝鮮国連軍地位協定ですが、朝鮮半島で戦争が勃発した場合、私たち日本国民にとって非常に重要な意味を持つことになります。

ちなみに、筆者（伊勢﨑）は、二〇一七年九月にソウルで開催された第一〇回太平洋地域陸軍参謀総長等会議（Pacific Armies Chiefs Conference）にアメリカ陸軍から直接招聘され講演した際、中国を含む三二カ国の陸軍のトップとともに三八度線の「共同警備区域」を訪れ、朝鮮国連軍の実態を見てきました。

これを「国連軍」と呼ぶかどうかについては、一九九四年にブトロス・ガリ国連事務総長が当時の北朝鮮外務相に宛てた親書に、そのジレンマが表れています。

> 朝鮮国連軍は、安保理の権限が及ぶ下部組織として発動されたものではなく、それがアメリカ合衆国の責任の下に置かれることを条件に、単にその創設を奨励しただけのものである。よって、朝鮮国連軍の解消は、安保理を含む国連のいかなる組織の責任ではなく、すべてはアメリカ合衆国の一存で行われるべきである。（一九九六年四月一一日、国連総会「北朝鮮国連代表による国連事務総長への報告」、伊勢﨑賢治訳）

このように、朝鮮国連軍は、現在の国連から、ある意味、匙を投げられている前世紀の〝遺物〟なのです。それなのに、なぜアメリカはこの維持にこだわるのでしょうか。

アメリカは、北朝鮮と中国に対峙するのは、自国ではなく〝国連〟であるという休戦の構図を維持したいのです。一種の印象操作のためだと言えるでしょう。筆者（伊勢﨑）が「共同警備区域」の責任者である米軍大佐と話をした時にも、ただその目的を「広報」するために訓練されているという印象を強く受けました。

さらに重要なのは、開戦になれば最も大きな被害を受ける韓国が、独立した当事者としてその休戦の構図に含まれていない、ということです。もし、中国とアメリカが休戦協定の「場外」に出れば、北朝鮮と韓国が直接の当事者として向かい合うことになります。そうなれば、北朝鮮にとって韓国は通常兵器だけで対処すればいい相手ですから、核兵器の保有や弾道ミサイルの開発に邁進《まいしん》する北朝鮮の動機は軽減するはずです。

北朝鮮への制裁に固執する日米両政府ですが、朝鮮半島の非核化のためには、朝鮮国連軍の発展的解消と、上記の休戦協定の構図の変換に取り組む時期に来ているのではないでしょうか。

日本が戦争やテロに巻き込まれる前に

二〇一七年四月に北朝鮮とアメリカの軍事的緊張が高まった際、日本政府がアメリカ政府に対して北朝鮮への軍事行動に踏み切る場合には事前協議を行うよう求め、アメリカ政府も理解を示したということが報道されました。

これまで半世紀以上、在日米軍が数々の戦争に投入されてきても一度も事前協議が行われたことがないのに、ここにきて事前協議を求めるとはただ事ではありません。

米トランプ政権は、北朝鮮への先制攻撃に踏み切る可能性も排除していません。一方、北朝鮮も、戦争になれば在日米軍をミサイル攻撃の標的にすることを明言しています。本当に戦争になった場合の甚大な被害を考えると、アメリカがそう簡単に先制攻撃に踏み切るとは思えませんが、仮に踏み切ったら、日本も戦争に巻き込まれる危険性は極めて高いといえます。

北朝鮮にとって、「単体の日本」は脅威でも何でもありません。北朝鮮と日本は、拉致問題はありますが、領土領海問題はありません。北朝鮮にとっての脅威はアメリカです。そのアメリカを〝体内〟に置いているから日本も脅威となるのです。

問題は、朝鮮半島有事だけではありません。

二一世紀になり、アメリカは世界最強の通常戦力をもってしても太刀打ちできない敵を自らつくってしまいました。

それは、二〇〇一年の九月一一日のアメリカ中枢同時テロ以来、一三年というアメリカ建国史上最長の戦争に米軍とＮＡＴＯ諸国軍を引きずり込み、二〇一四年末に軍事的勝利をあきらめさせ、アフガニスタンから主力戦力を撤退させることに成功した「テロリスト」です。

筆者（伊勢崎）は、二〇〇三年からアフガニスタンにおいて、今に続く「対テロ戦」の黎明期に日本政府の特命を受けてアメリカの軍事戦略の中枢で勤務しました。現在、対テロ戦の様相は、さらに拡大。それもアメーバのように、アルカイダからイスラム国（ＩＳ）、ナイジェリアのボコ・ハラム、フィリピンのアブ・サヤフなど、その地において歴史的に形成された地元の不満分子の構造を取り込みながら、先進国でも「ホームグロウン・テロリズム」としてとりとめもなく複雑怪奇に増殖しています。

これは、日本が自衛隊の通常戦力を増強し、日米同盟を強化することで太刀打ちできるという話ではないのです。

そのテロリストの教条的な敵はアメリカであり、そのアメリカを「体内」に置いていることの深刻さを日本はもっと認識すべきでしょう。

「日米安保でアメリカに守ってもらう」とだけ考えていればよい時代は終わりました。今後はアメリカが勝てない相手に、「アメリカの代わりに狙われるリスク」についても考えていかねばなりません。

ネバー・セイ・ネバー（ありえないなんてことはない）。国防、安全保障論にまったく起こらないというリスクはありません。北朝鮮も、中国もリスクに違いありません。しかし、すべてのリスク、そして脅威への対処にはお金がかかるのです。無い袖は振れないのです。

すると、より大きな予算を獲得するには、個々のリスク／脅威は、より大きな声で自己主張しなければなりません。そして、特定の既得権益集団に不利なリスク／脅威は、それが本当のリスク／脅威であっても、「想定外」にされます。

二〇一七年現在、アメリカが主導する有志連合がイラクとシリアで行っているＩＳに対する空爆作戦にも、米軍三沢基地（青森県）のＦ16戦闘機などがたびたび派遣されています。北朝鮮が米軍の出撃拠点である在日米軍基地を標的にするように、ＩＳが日本をテロの標的とする可能性も十分考えられます。

アメリカの代わりにテロリストに狙われるリスクを勘案しない日本の安全保障論は、単なる既得権益集団のプロパガンダにすぎません。

米軍に対して主権を放棄し、その運用に口を出せない、あるいは口を出さないという日本政府の姿勢は、低空飛行訓練や環境汚染などで国民の命や安全を脅かすだけでなく、国民を戦争やテロに巻き込む危険性もあるのです。

イラク戦争の時に米軍の基地使用や領内通過を拒否したトルコのように、いざという時には米軍の運用に「ＮＯ」と言えるような権限を確保することは、主権国家として国民の命や安全を守るために、そして勝てない敵をつくってしまったアメリカのためにも不可欠です。

第三章

全土基地方式と思いやり予算

日本のアメリカへの貢献は不十分なのか

北方領土に米軍基地が置かれる可能性

二〇一六年の一二月半ば、安倍晋三首相の地元である山口県長門市で日露首脳会談が行われました。

この会談は注目をあびました。なぜなら、北方領土（歯舞群島、色丹島、国後島、択捉島）問題の解決に向けて何らかの進展があるのでは、と期待されたからです。

北方領土問題をめぐっては、日本がソ連と国交を正常化した一九五六年の日ソ共同宣言で、平和条約締結後に歯舞群島と色丹島を日本に引き渡すことが明記されました。しかし、それから六〇年間、平和条約締結に向けた交渉は膠着《こうちゃく》状態が続いてきました。

これに対し、二〇一六年五月にロシアのソチでプーチン大統領と首脳会談を行った安倍首相は、「今までの発想にとらわれない新しいアプローチ」で交渉を進めていくことを提案、プーチン大統領もこれに同意しました。

両者は九月にも、ロシアのウラジオストクで会談。会談後、安倍首相は「二人だけで、かなり突っ込んだ議論ができた。『新しいアプローチ』に基づく交渉を今後具体的に進めていく道筋が見えてきた。手応えを強く感じとることができた」（「読売新聞」二〇一六年九月三日）とコメントしました。

こうした経緯の中で、一二月の首脳会談では北方領土問題の進展への期待が高まったわけですが、結果的には日露両国が北方領土での共同経済活動を具体的に進めていくことで合意するにとどまり、多くの国民を落胆させました。

実は、首脳会談に向けた両国の協議の中で、ロシア側が態度を硬化させるこんな出来事があったと報じられています。

（一一月）上旬、モスクワ入りした谷内《やち》正太郎・国家安全保障局長は、ロシアのパトルシェフ安全保障会議書記と会談。複数の日本政府関係者によると、パトルシェフ氏は、日ソ共同宣言を履行して二島を引き渡した場合、「島に米軍基地は置かれるのか」と問いかけてきた。谷内氏は「可能性はある」と答えたという。（「朝日新聞」二〇一六年一二月一四日）

この日本の報道を、ロシアのメディアは「（北方領土が）日本になれば、米軍基地が置かれる可能性がある」（国営テレビ）などと伝え、一斉に反発。ロシアのペスコフ大統領報道官は、「ロシアなら会談内容を明かさない」と日本側に強い不快感を示しました。

この谷内正太郎・国家安全保障局長の発言がロシア側の態度を硬化させたことは、首脳会談後の共同記者会見でのプーチン大統領の次の発言からも明らかです。

我々は米国の利益を含む、地域の全ての国家に対して敬意を持たねばなりません。これは完全に明らかです。しかし、これは何を意味するのでしょうか。これが意味するのは、例えばウラジオストクに、その少し北部に二つの大きな海軍基地があり、我々の艦船が太平洋に出て行きますが、我々はこの分野で何が起こるかを理解せねばなりません。しかしこの関連では、日本と米国との間の関係の特別な性格及び米国と日本との間の安全保障条約の枠内における条約上の義務が念頭にありますが、この関係がどのように構築されることになるか、我々は知りません。我々が柔軟性について述べるとき、我々は、日本の同僚と友人がこれら全ての微妙さとロシア側の懸念を考慮することを望みます。（首相官邸ホームページ「日露共同記者会見」二〇一六年一二月一六日）

ウラジオストクの海軍基地は、ロシアの太平洋艦隊の拠点です。日本に北方領土を返還した場合、その目と鼻の先に米軍基地がつくられる可能性があるのであれば、それはロシアにとって安全保障上受け入れがたいと暗に言っているのです。

さらに、プーチン大統領は、首脳会談の直前のインタビューでも次のように述べています。

しかし、日本が（米国との）同盟で負う義務の枠内で露日の合意がどのくらい実現できるのか、我々は見極めなければならない。日本はどの程度、独自に物事を決められるのか。我々は何を期待できるのか。最終的にどのような結果にたどり着けるのか。それはとても難しい問題だ。（「読売新聞」二〇一六年一二月一四日）

この二つの発言から読み取れるのは、日本が日米安保条約によって負っている「義務」にロシア側は注目し、またそこに最大の懸念を持っているということです。

アメリカには日本のどこにでも基地の提供を求める権利がある

では、平和条約締結交渉でロシア側が重視する、この日米安保条約上の「義務」とはいったい何なのでしょう。

実は、ここで日米地位協定が関係してくるのです。残念ながら、そのことを掘り下げた日本のメディアは皆無でした。

日米地位協定には、「全土基地方式」と呼ばれる次の規定があります。

●日米地位協定　第二条一項

(a)　合衆国は、相互協力及び安全保障条約第六条の規定に基づき、日本国内の施設及び区域の使用を許される。個個の施設及び区域に関する協定は、第二十五条に定める合同委員会を通じて両政府が締結しなければならない。（後略）

●日米安保条約　第六条

日本国の安全に寄与し、並びに極東における国際の平和及び安全の維持に寄与するため、アメリカ合衆国は、その陸軍、空軍及び海軍が日本国において施設及び区域を使用することを許される。（後略）

これだけ読んでもわかりにくいので、外務省の部内向け解説書「日米地位協定の考え方　増補版」を見てみましょう。こちらは明快です。

第二条一項(a)は（中略）次の二つのことを意味している。第一に、**米側は、我が国の施政下にある領域内であればどこにでも施設・区域の提供を求める権利が認められていることである。**第二に、施設・区域の提供は、一件ごとに我が国の同意によることとされており、したがって、我が国は施設・区域の提供に関する米側の個々の要求のすべてに応ずる義務を有してはいないことである。（引用中の強調は筆者による。以下同）

日米地位協定は、アメリカに対し、日本のどこにでも基地や訓練区域の提供を求める「権利」を認めているというのです。

これと同様の規定は、韓米地位協定にはありますが、NATO地位協定やボン補足協定にはありません。米軍撤退前のフィリピンの地位協定にもありませんでした。

NATO地位協定は、「互恵性」を原則としています。アメリカが外国に「(アメリカ国内の)どこにでも基地の提供を求める権利」など認めるわけがありませんので、NATO地位協定にそんな「権利」が入る余地はまったくなかったはずです。

治安維持の主体がアフガニスタン国軍に移行したとはいえ、事実上、米・NATO諸国軍による軍事作戦が続いているアフガニスタンの地位協定でも、「どこにでも基地の提供を求める権利」など与えていません。同地位協定では、アフガニスタンの「主権」に対する全面的な敬意がうたわれており、基地や訓練区域の提供は、その「主権」をベースに合意されたものとなっています。駐留軍による軍事作戦が行われていて、新しい基地のニーズが「平時」よりずっと逼迫《ひっぱく》している「準戦時」ともいえる状況でも、そんな「権利」は認めていないのです。

「日米地位協定の考え方　増補版」では、日本のどこにでも基地の提供を求める権利をアメリカに認めている一方、個別の基地の提供にあたっては日米合同委員会を通じて協定を締結することになっているので、アメリカの要求にすべて応じる義務はないと説明しています。

ところが、説明はこのあと次のように続くのです。

地位協定が個々の施設・区域の提供を我が国の個別の同意によらしめていることは、安保条約第六条の施設・区域の提供目的に合致した米側の提供要求を我が国が合理的な理由なしに拒否し得ることを意味するものではない。特定の施設・区域の要否は、本来は、安保条約の目的、その時の国際情勢及び当該施設・区域の機能を綜合して判断されるべきものであろうが、かかる判断を個々の施設・区域について行うことは実際問題として困難である。むしろ、安保条約は、かかる判断については、日米間に基本的な意見の一致があることを前提として成り立っていると理解すべきである。

筆者（布施）は、初めてこれを読んだ時、本当に驚きました。

いくら同盟を結んでいるとはいえ、日本とアメリカは、それぞれ独立した別の主権国家です。当然、アメリカが「必要だ」と要求してきた基地について、日本が「それは必要とは考えられない」と判断して断ることはありうるはずです。

しかし、この外務省の解説では、そうではなく、「**日米間に基本的な意見の一致があることを前提として成り立っていると理解すべきである**」と言うのです。これはつまり、アメリカが必要だと判断して要求する基地については、日本も必要と判断して提供することが、日米安保条約の前提になっているということです。

信じがたいことですが、これが、日本のどこにでも基地を求めることを権利としてアメリカに認めていることの結果なのです。

だから、ロシアが北方領土を日本に返還した後、アメリカが北方領土に米軍基地を設置することを要求してきたら、日本は基本的にそれに同意することになります。

また、返還に向けた交渉を行っている段階でも、日本政府がロシア側に「返還された場合、北方領土に米軍基地は置かない」などと約束することもできません。それは、日米安保条約と日米地位協定がアメリカに認めている「日本国内のどこにでも基地を求める権利」を侵害することになるからです。

実際、「日米地位協定の考え方　増補版」には、このことがはっきりと記されています。

このような考え方からすれば、例えば北方領土の返還の条件として「返還後の北方領土には施設・区域を設けない」との法的義務をあらかじめ一般的に日本側が負うようなことをソ連側と約することは、安保条約・地位協定上問題があるということになる。

これこそが、プーチン大統領が述べた「日本と米国との間の関係の特別な性格」「米国と日本との間の安全保障条約の枠内における条約上の義務」の内容です。

ロシアとの係争地交渉に成功したノルウェー

これまで係争中の領土問題を外交的に解決した事例をみても、お互いの警戒を解く上で、そこに相手国の脅威となる軍隊を置かないという約束は決定的に重要でした。

NATO加盟国でもある北欧の小国ノルウェーの例が示唆的です。

ノルウェーは、バルト三国が二〇〇四年にNATOに加盟するまでソ連／ロシアと国境を接する唯一のNATO加盟国でした。両国の間には北極圏の「バレンツ海」があり、お互いが主張する領海にズレがあって四〇年近くずっと係争中でした。

ここは、冷戦時代からソ連の弾道ミサイル潜水艦配備の要所であるばかりでなく、原油や天然ガス、そして漁業資源が豊富です。ここで二〇一〇年、一七万五〇〇〇平方キロメートルにも及ぶ係争海域をほぼ二等分することで合意に達したのです。そして、環境や乱獲、違法操業に配慮しながら双方がそれぞれの漁業を監視・管理することや、地下埋蔵資源が境界を跨《また》ぐ場合は、双方の合意に基づきながら共同で開発してゆくことが確認されたのです。

ノルウェーはNATOの加盟国ですが、NATO地位協定は日米地位協定のように「どこにでも基地の提供を求める権利」など認めていません。加えて、ノルウェーでは長年、与野党のコンセンサスとして、自国領内に外国軍隊を駐留させないということがあり、そのことは広く対外的にも認知されていました。

一九五九年にノルウェー国会が核兵器の持ち込みを全面的に禁止することを宣言し、同年の

NATO会議で大統領がノルウェーは冷戦下の核競争に加わらないと正式に表明し、その後、ノルウェー軍が核搭載可能なミサイルを常備しますが、核弾頭の国内持ち込みは頑《かたく》なに拒否し続けています。

一九八〇年代になると、ノルウェーは、米海兵隊が使用する武器を保管せよという強い要請を受けます。これは、もしノルウェーが攻撃されNATO条約第五条、いわゆる集団防衛が発動された時に必要であるというものでしたが、これも拒否します。その後、ノルウェー世論を二分する論争の後、ロシア国境からほど遠いトロンデラーグというノルウェー中部地域に米海兵隊の武器を保管することが合意されます。冷戦中を通してノルウェーは、NATO軍による陸海空域の通過を厳しく統制してきました。もちろん、核を搭載した艦船の寄港を許しませんでした。

一九五七年にノルウェーがバレンツ海内の北極点に近いスバルバル群島に初めて民間空港を開設した時には、ソ連だけに寄港と地上スタッフの配置まで許しましたが、NATO諸国には許しませんでした。

これらは、ノルウェーがNATOの一員でありながら東西両陣営の狭間にある「緩衝国家」としてのアイデンティティーを確立し、それを内外に誇示することで国防の要としてきた試行錯誤の結果なのです。このアイデンティティーがなければ、バレンツ海の係争解決において、ロシアが同意するどころか、二国間の交渉にすら応じるわけがありません。

この合意の後、現在、このアイデンティティーは部分的に崩れています。クリミア半島へのロシアの軍事侵攻を受けて、ロシアと国境を接する北欧諸国がＮＡＴＯへの結束を高めつつあるのです。結果、ノルウェーでは、戦後初めて、小規模ながらアメリカの海兵隊の駐留を二〇一七年から許しました。二〇一八年末までの期限つきで、場所は前記のトロンデラーグです。

さらに、バレンツ海に臨むバルドーという過疎の漁村にノルウェーがアメリカに設置を許したレーダー施設（Globus II　ロシアの原子力潜水艦に対するアメリカの戦略情報の九割はノルウェーに依存すると言われています。このレーダーはアメリカ政府によって建設されましたが、管理運用者はノルウェー政府諜報機関です）の強化が二〇二〇年の完成を目標に決定されています。

二〇一七年現在、このノルウェー政府の決定は、ノルウェーの国内世論を二分し、ロシアを刺激しています。

いずれにせよ、領土（領海）問題の解決は、当事者間の交渉であるはずです。しかし、日本は、アメリカなしでは、それができないのです。相手側は日本ではなくアメリカをみているのです。

主権国家が、主権国家として、その主権の判断で交渉に臨む。この当たり前すぎる前提が、同じ主権国家である相手側に共有されていないと、真摯に交渉に向き合うはずがありません。

日米安保条約と日米地位協定の「全土基地方式」がある限り、ロシアの側からみたら、日本は領土問題の交渉がまともにできる「主権国家」ではないのです。プーチン氏の「日本はどの程度、独自に物事を決められるのか」という一見〝失礼〟に聞こえる発言は、紛れもない日本の姿なのです。

知らないうちに在日米軍基地が増える可能性も

一九五一年に旧日米安保条約の交渉が始まった時、この「全土基地方式」を条約に盛り込むことは、アメリカの最優先事項でした。

この交渉のために大統領特使として日本に派遣されたジョン・フォスター・ダレス国務省顧問は、交渉開始直前の一九五一年一月二六日に行われたアメリカ側交渉団の会議で、交渉で獲得する目標について次のように強調しました。

我々は日本に、我々が望むだけの兵力を、望む場所に、望む期間だけ駐留させる権利を獲得できるであろうか——これが根本的な問題である。

そして、アメリカのこの方針は、旧安保条約と行政協定に明記されました。

旧安保条約の第一条は「平和条約及びこの条約の効力発生と同時に、**アメリカ合衆国の陸軍、空軍及び海軍を日本国内及びその附近に配備する権利を、日本国は、許与し、**アメリカ合衆国は、これを受諾する」と規定。そして、行政協定の第二条で「日本国は、合衆国に対し、安全保障条約第一条に掲げる目的の遂行に必要な施設及び区域の使用を許すことに同意する」としました。

さらに、占領終結後に日本政府が同意しなかった場合でも、米軍が占領中に使用していた基地を、日米の協議が整うまで暫定的に米軍が継続使用できるという秘密の約束（「岡崎・ラスク交換公文」）も交わされました。

実は、最初にアメリカが提案してきた安保条約案には、「安全保障軍〔筆者注：米軍のこと〕は、占領終結に際し、連合国占領軍の管理下にあった施設に慣例として駐留し、同軍隊によって必要とされるあらゆる施設及び区域は安全保障軍の管理下に置かれる」と明記されていました。

これではあまりにも「占領状態の継続」とみられて都合が悪いということで表現は書き換えられましたが、実質的には、まさにアメリカ側が獲得目標とした「我々が望むだけの兵力を、望む場所に、望む期間だけ駐留させる権利」が与えられたのでした。

その後、一九六〇年に安保条約を改定した際、「日本国内及びその附近に〔筆者注：米軍を〕配備する権利」を許与するという強い言葉は、「日本国において施設及び区域を使用することを許される」という言葉に改められました。

しかし、その運用の実態は、先ほど紹介した外務省の「日米地位協定の考え方　増補版」の通り、まったく変わっていないのです。

現在、日米安保条約第六条と日米地位協定第二条に基づいてアメリカに提供された施設・区域は、日米で共同使用しているものも入れて一二八カ所あります。このうち、七八カ所が米軍専用の施設・区域です。（一七〇ページの表）

個々の基地の提供は、日米合同委員会で協定が締結された後、「附表」と呼ばれる在日米軍基地の台帳のような文書に掲載されます。しかし、合同委員会の文書は原則非公表とされているため、私たち国民がすべての米軍基地が記載されている「附表」そのものを見ることはできません。筆者（布施）は試しに外務省に開示請求してみましたが、これまでに四三〇回以上更新されてきた「附表」すべてが不開示となりました。

他方、外務省の「日米地位協定の考え方　増補版」によれば、合同委員会合意の中に「施設・区域の一覧表及び法律上の記述はできるかぎり日本国の官報及び合衆国軍隊の公刊物に公表する」という趣旨の規定があるといいます。「できるかぎり」としているのは、公表しない基地の提供もありうるということを意味しています。過去には、実際に秘密の通信基地が提供されていたこともありました。

信じがたいことに、日米合同委員会のブラックボックスの中で、国民はおろか、その代表者である国会議員すら知らないうちに、いつの間にか米軍基地が増えていたということが起こりうるのが日本なのです。

在日米軍施設・区域（専用施設）の面積（単位　千㎡）

北海道	キャンプ千歳	4,274
青森県	三沢飛行場	15,780
	八戸貯油施設	173
	三沢対地射爆撃場	7,655
	車力通信所	135
千葉県	木更津飛行場	2,095
埼玉県	キャンプ朝霞	118
	所沢通信施設	966
東京都 埼玉県	大和田通信所	1,196
	横田飛行場	7,200
東京都	赤坂プレス・センター	27
	府中通信施設	17
	多摩サービス補助施設	1,957
	硫黄島通信所	3,811
	ニューサンノー米軍センター	7
神奈川県	根岸住宅施設	429
	横浜ノース・ドック	524
	キャンプ座間	2,292
	厚木海軍飛行場	2,510
	相模総合補給廠	1,967
	池子住宅地区及び海軍補助施設	2,884
	吾妻倉庫地区	802
	横須賀海軍施設	2,363
	相模原住宅地区	593
	浦郷倉庫地区	194
	鶴見貯油施設	184
静岡県	富士営舎地区	1,177
	沼津海浜訓練場	28
京都府	経ヶ岬通信所	35
広島県	秋月弾薬庫	559
	川上弾薬庫	2,604
	広弾薬庫	359
	呉第六突堤	14
	灰ヶ峰通信施設	1
広島県 山口県	岩国飛行場	8,646
山口県	祖生通信所	24
福岡県	板付飛行場	23
長崎県	佐世保海軍施設	488
	佐世保ドライ・ドック地区	41
	赤崎貯油所	754
	佐世保弾薬補給所	582
	庵崎貯油所	227
	横瀬貯油所	697
	針尾島弾薬集積所	1,297
	立神港区	135
	崎辺海軍補助施設	129
	針尾住宅地区	354
	本土計　47 施設・区域	78,313

沖縄	北部訓練場	35,326
	奥間レスト・センター	546
	伊江島補助飛行場	8,015
	八重岳通信所	37
	キャンプ・シュワブ	20,626
	辺野古弾薬庫	1,214
	キャンプ・ハンセン	49,170
	金武レッド・ビーチ訓練場	14
	金武ブルー・ビーチ訓練場	381
	嘉手納弾薬庫地区	26,585
	天願桟橋	31
	キャンプ・コートニー	1,339
	キャンプ・マクトリアス	379
	キャンプ・シールズ	700
	トリイ通信施設	1,895
	嘉手納飛行場	19,855
	キャンプ桑江	675
	キャンプ瑞慶覧	5,450
	泡瀬通信施設	552
	ホワイト・ビーチ地区	1,568
	普天間飛行場	4,806
	牧港補給地区	2,727
	那覇港湾施設	559
	陸軍貯油施設	1,277
	鳥島射爆撃場	39
	出砂島射爆撃場	245
	久米島射爆撃場	2
	津堅島訓練場	16
	黄尾嶼射爆撃場	874
	赤尾嶼射爆撃場	41
	沖大東島射爆撃場	1,147
	沖縄計　31 施設・区域	186,092

	全国計　78 施設・区域	264,405

※2017 年 3 月 31 日現在　出所：防衛省

米軍駐留経費負担、断トツ世界一位の日本

二〇一七年一月にアメリカ大統領に就任したドナルド・トランプ氏は、二〇一六年の大統領選挙中、日本に米軍駐留経費負担の増額をくり返し求めてきました。

トランプ氏は五月初め、米テレビ局のインタビューに次のように語り、日本政府が駐留経費の大幅増額に応じなければ、米軍を撤退させるという考えを示しました。

「米国は債務国だ。自動車産業で経済大国になった日本に補助金を払い続けるようなことはできない」（中略）「米国を大切にしないなら、彼らは自国で自国を守らなければならなくなる」（「日経新聞」二〇一六年五月六日）

日本が負担する在日米軍関係経費は、二〇一六年度は総額七六四二億円。一方、アメリカの在日米軍への支出は、二〇一六年度の予算教書で五五億ドル（約五八三〇億円）となっています。約六割を日本が負担している計算になりますが、トランプ氏は、これでも不十分だと主張したのです。前出のインタビューの中でも、「なぜ（負担が）一〇〇％でないのか」と発言しています。

そのトランプ氏が大統領に当選し、日本政府は戦々恐々としたわけですが、政権が発足する

と主張を一転させます。
二〇一七年二月初めに来日し、稲田朋美防衛大臣と会談したマティス国防長官は、会談後の共同記者会見で「日本はコスト負担のモデルだ。日米の経費分担は他の（同盟）国での手本となる」と持ち上げました。（「日経新聞」二〇一七年二月四日）
実際、日本の駐留経費負担は、アメリカの同盟国の中で突出しています。
二〇〇二年と少し古いものになりますが、アメリカ国防総省が同盟国の米軍駐留経費負担について報告書を公表したことがあります（「共同防衛に対する同盟国の貢献に関する統計概要」二〇〇四年版）。これによると、日本の負担は四四億一一三四万ドルと断トツ一位で、日本を除く二六カ国の合計四〇億八八六六万ドルをも上回っています。日本の負担額は、ドイツの二・

アメリカ同盟国 27 カ国が負担する米軍駐留費（年間）

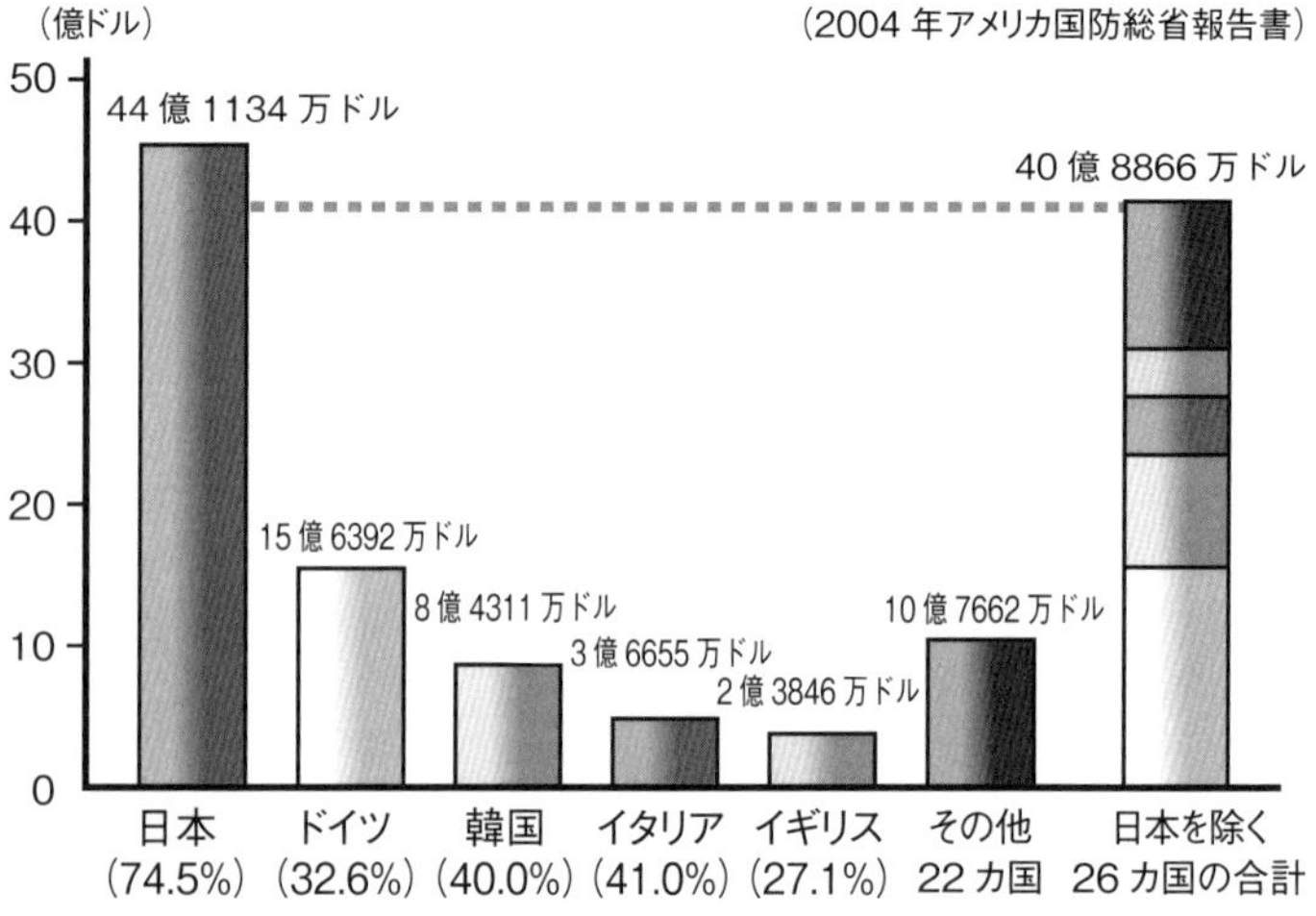

八倍、韓国の五・二倍、イタリアの一二倍となっています。負担率でも、日本は七四・五％で、ドイツ三二・六％、韓国四〇％、イタリア四一％など他の同盟国と比べて群を抜いています。（一七二ページの表）

日本は、基地提供のための民有地借り上げ料や基地の施設建設・整備費のほか、基地従業員の人件費や米軍住宅の光熱水費まで負担しています。負担していないのは、米軍人・軍属の人件費くらいだとも言われています（それまで日本が負担したら、在日米軍の兵士らは日本の「傭兵」になってしまいます）。

思いやり予算のルーツにある密約

二〇一六年度の在日米軍関係経費七六四二億円のうち、一九二〇億円は「思いやり予算」と呼ばれる経費です。

「思いやり予算」と呼ばれる理由は、日米地位協定上、日本が負担する義務のない経費だからです。義務はないけれど、アメリカへの「思いやり」で日本が負担するというわけです。一九七八年六月に、当時防衛庁長官であった金丸信《かねまるしん》氏が訪米した際、アメリカのブラウン国防長官に「在日米軍の駐留経費の問題については、思いやりの精神でできる限りの努力を払いたい」と約束したことから、こう呼ばれるようになりました。

日米地位協定は、米軍駐留経費の日米の負担について、第二四条で次のように定めています。

●日米地位協定　第二四条

一　日本国に合衆国軍隊を維持することに伴うすべての経費は、二に規定するところにより日本国が負担すべきものを除くほか、この協定の存続期間中日本国に負担をかけないで合衆国が負担することが合意される。

二　日本国は、第二条及び第三条に定めるすべての施設及び区域並びに路線権（飛行場及び港における施設及び区域のように共同に使用される施設及び区域を含む。）をこの協定の存続期間中合衆国に負担をかけないで提供し、かつ、相当の場合には、施設及び区域並びに路線権の所有者及び提供者に補償を行なうことが合意される。

これを普通に読めば、基地提供にかかる経費、民有地の借り上げ料や基地周辺対策費などは日本側が負担し、それ以外の在日米軍の維持・運用にかかる経費はアメリカ側が負担するという意味にとれます。

実際、一九六〇年に日米地位協定が発効してしばらくは、そのように運用されていました。基地従業員の人件費や米軍住宅の光熱水費などはもちろん、米軍基地内の新施設の建設費や改修費などはすべてアメリカ側で負担していたのです。

しかし、この地位協定第二四条の解釈は一九七〇年代に入ってからなし崩し的に拡大され、日本の駐留経費負担は、アメリカに要求されるがまま加速度的に膨れ上がっていくことになります。

その最初の「蟻の一穴《いっけつ》」（頑丈に造られた堤防も、蟻が開けた小さな穴が原因でやがて崩落することがある、ということを表す語）となったのは、沖縄返還交渉の中で交わされた一つの「密約」でした。

沖縄返還協定の調印を八日後に控えた一九七一年六月九日、愛知揆一外相とロジャーズ国務長官による大詰めの会談がパリのアメリカ大使館で行われました。

この会談で、地位協定第二四条をより柔軟に解釈し、沖縄返還にともなう米軍の部隊移動に関連してかかる経費として、海兵隊岩国基地（山口県）と空軍三沢基地（青森県）内の米軍兵舎改築費など六五〇〇万ドル（当時のレートで二三四億円）を日本側で負担することが約束されたのです。

沖縄返還協定では、返還にともなう日本の財政負担を三億二〇〇〇万ドルと明記していました。しかし、これとは別枠で米軍施設の改築費として六五〇〇万ドルを日本が負担することを、ひそかに約束していたのです。

この密約の存在は、社会党（当時）の楢崎弥之助衆院議員が入手した愛知・ロジャーズ会談の内容を記録した外務省の公電によって明らかになりました。楢崎氏の追及によって、政府は一九七三年二月七日の衆議院予算委員会で、この公電の存在を認めました。以下は、その議事録です。

檜崎議員　とにかくその電信文を出してください。電信文はあるとおっしゃったのですから、電信文を出してください。その上でわれわれは判断します。

大平外相　いま提出の御要請がございました資料につきましては、政府部内で一ぺん相談をさせていただきたいと思います。

檜崎議員　それじゃ、それが出てくるまで私は質問をこのまま待ちます。

〈暫時休憩に入る〉

大平外相　休憩前に御要求のありました電文は、昭和四十六〔筆者注：一九七一〕年六月九日、在仏大使発外務大臣あて電信第八七七号にかかるものと承知します。

この電文全体につきましては、国の重大な利益をおもんぱかりまして、政府といたしましては、秘密扱いにいたしておるわけでございます。しかしながら、御指摘の部分につきましては、すでに本委員会等の論議を通じまして、その内容がほぼ明瞭になってまいりましたので、その部分につきまして電文を読み上げたいと思います。

この電文のパラグラフ二でございます。

二、次に、ロ長官より、六五〔筆者注：六五〇〇万ドルのこと〕の使途につき日本政府のリベラルな解釈を期待するとの発言があり、これに対し本大臣より、できる限りのリベラルな解釈をアシュアする旨述べた。

以上でございます。

楢崎議員　第二項の内容が明確になったわけです。そこで、この「リベラルな解釈」というのは、つまり地位協定の二十四条に関する解釈であるとわれわれは解せざるを得ませんが、どうですか。

大平外相　仰せのとおりと思います。（一九七三年二月七日、衆議院予算委員会）

愛知・ロジャーズ会談で愛知外相は、日本がひそかに負担を約束した六五〇〇万ドルについて、日米地位協定第二四条の「できる限りのリベラル（自由）な解釈をアシュア（保証）する」とアメリカ側に約束していたのです。

これはつまり、それまで基地内の施設改修費などはアメリカ側負担としてきた地位協定二四条の解釈を拡大し、日本側で負担できるようにすることを意味していました。

過去の政府見解と矛盾する地位協定二四条の拡大解釈を批判する野党の追及に対し、政府は「地位協定第二十四条の解釈につきましては、（中略）その運用につき、原則として代替の範囲を越える新築を含むことのないよう措置する」（大平外相、一九七三年三月一三日、衆議院予算委員会）との政府見解を示すことで切り抜けました。

米軍基地の施設改修費に関して日本側が負担できるのは、米軍施設のリロケーション（移設）

など代替関係のある場合に限定し、まったくの新築の場合はアメリカ側の負担とする新たな政府見解を示したのでした。

しかし、日本政府はわずか六年後、この「大平答弁」をいとも簡単に投げ捨てます。

米軍基地従業員の人件費まで日本が負担することに

次にアメリカが駐留経費の負担増を要求したのは、基地従業員の人件費でした。

一九七三年、日本がアメリカドルとの固定相場制をやめて変動相場制に移行すると、円高ドル安が進みました。一九七一年までは一ドル＝三六〇円、七一年以降は三〇八円の固定レートでしたが、一九七七年には一ドル二三〇円台にまで円が高騰しました。

在日米軍基地の民間人従業員の給与額は、日本の国家公務員の給与額を基準にして決められます。円高ドル安の進行により、アメリカ政府が円で支払う基地従業員の人件費は大きく膨らみ、在日米軍の会計を圧迫していました。

この間、急速に膨張し始めた対日貿易赤字への不満も絡み、アメリカ国内ではアメリカが一方的に日本防衛の義務を負い、日本はそれに見合う負担をしていないと批判する〝安保ただ乗り〟キャンペーンが巻き起こっていました。アメリカ議会とアメリカ会計検査院は一九七七年、日本の駐留経費負担はその経済力に見合っていないとして、いっそうの負担増を求めました。

そして、在日米軍は七七年、人事院勧告に基づく基地従業員の給与のベア（ベースアップ）

を頑《がん》として拒否する強硬な態度に出ます。これに対して、全国の米軍基地で働く労働者でつくる全駐留軍労働組合（全駐労）は「全国統一ストライキ」で対抗しますが、米軍側は日本政府の負担を要求して引き下がりませんでした。

しかし、基地従業員の人件費は、どう考えても地位協定第二四条でアメリカ側負担と明記している在日米軍の維持にかかわる経費であり、日本側で負担するわけにはいきません。そこで日本政府は、基地従業員の人件費のうち、基地従業員の社会保険の事業主負担など法定福利費は「従業員の保護を図る見地から行う社会福祉政策のために我が国の法令に基づいて支出する経費であり、在日米軍がその任務遂行のために労働力を使用するのに直接必要な経費とはいえない」として、地位協定第二四条一項の「合衆国軍隊を維持することに伴うすべての経費」には該当しないという「解釈」を打ち出します。法定福利費の他に、福利厚生費と労務管理費も、「在日米軍がその任務遂行のために労働力を使用するのに直接必要な経費」ではないとして、地位協定上、アメリカ側に負担義務はないと説明します。こうして、翌七八年度予算において、これらの総額六一億八六〇〇万円を日本側で負担することを決めます。

これにより、基地従業員の人件費についても地位協定第二四条に風穴が開けられ、なし崩し的な解釈の拡大が始まることになります。

一五年間で三〇倍に膨れ上がった思いやり予算

これまでが、「思いやり予算」のいわば「前史」です。その「本史」が始まるのは、一七三ページで述べたように金丸信防衛庁長官の時代です。

金丸氏は著書『わが体験的防衛論』（エール出版社、一九七九年）の中で、「思いやり予算」が生まれた経緯について、次のように振り返っています。

〔筆者注：一九七八年度〕予算案が成立した日だから、四月四日のことだ。丸山事務次官と亘理施設庁長官が私のところへ来て言う。

「ラビング在日米軍司令官がやってきて、円高・ドル安で困りきっている。なんとかしてもらいたいと訴えている」とのことだった。

くわしく聞いてみると「（中略）基地の中に日本政府の負担で住宅を建設して欲しい」「基地内の老朽施設も建て替えて欲しい」といった陳情があったのだそうだ。

当時、基地施設に関しては、地位協定上、政府の解釈として「代替の範囲を超える新規提供はしない」があり、新規の施設の提供は難しいということになっていた。

（中略）そこで（中略）「（中略）責任は私が持つし、できるかぎり野党対策も引き受ける。発想の転換でやってみてもらいたい」と強く指示した。

（中略）われわれは極秘のうちに、地位協定の思い切った柔軟解釈による、在日米軍に対する財政援助を実現する決意を固めたのであった。

金丸氏は、一九七八年六月のブラウン国防長官との会談で「在日米軍の駐留経費の問題については、思いやりの精神でできる限りの努力を払いたい」と約束して以降、文字通り、この「地位協定の思い切った柔軟解釈による、在日米軍に対する財政援助」を実行します。

一九七九年度予算から、代替施設に限るとしていた「大平答弁」を事実上投げ捨て、米軍基地内の新規の隊舎や家族住宅の建設費も日本側で負担するようになります。基地従業員の人件費についても、前年度に負担した福利関係費に加えて、格差給と語学手当、そして退職手当の一部を日本側で負担するようになりました。

そして、基地従業員の人件費については、「現行の地位協定によって解釈される範囲で、ほぼフルに日本側が負担している」（一九八〇年、大来佐武郎外相）として、これ以上負担を増やす余地はないという見解を示しました。

ところが、アメリカはさらなる負担増を日本に要求し、七年後、ついにこの壁も突破されます。

解釈の拡大によってこれ以上負担を増やせないことから、地位協定第二四条の「原則」は変えず、「暫定的、特例的、限定的」に「例外」を設ける特別協定を一九八七年に締結したのです。

これにより、それまでの負担に加えて、扶養手当、通勤手当、住居手当、退職手当など八つの手当の経費の二分の一を上限に日本側で負担することになりました。

さらに、翌八八年には早くも特別協定が改定され、八手当の日本側負担の上限が二分の一から全額に引き上げられました。

こうなると、「蟻の一穴」から始まった堤防の決壊は止まらなくなります。

一九九〇年八月にイラクのクウェート侵攻が起こると、アメリカは多国籍軍に自衛隊を派遣できない日本に対して、経済的貢献の一つとして米軍駐留経費のさらなる増額を要求します。

翌九一年四月、特別協定が改定され、ついに基地従業員の基本給と時間外勤務手当も日本側で負担することになります。それだけではありません。基地内の光熱水費や暖房用の燃料代までもが日本側の負担となりました。

施設整備費も、当初の隊舎や家族住宅だけで

在日米軍 駐留経費負担の推移

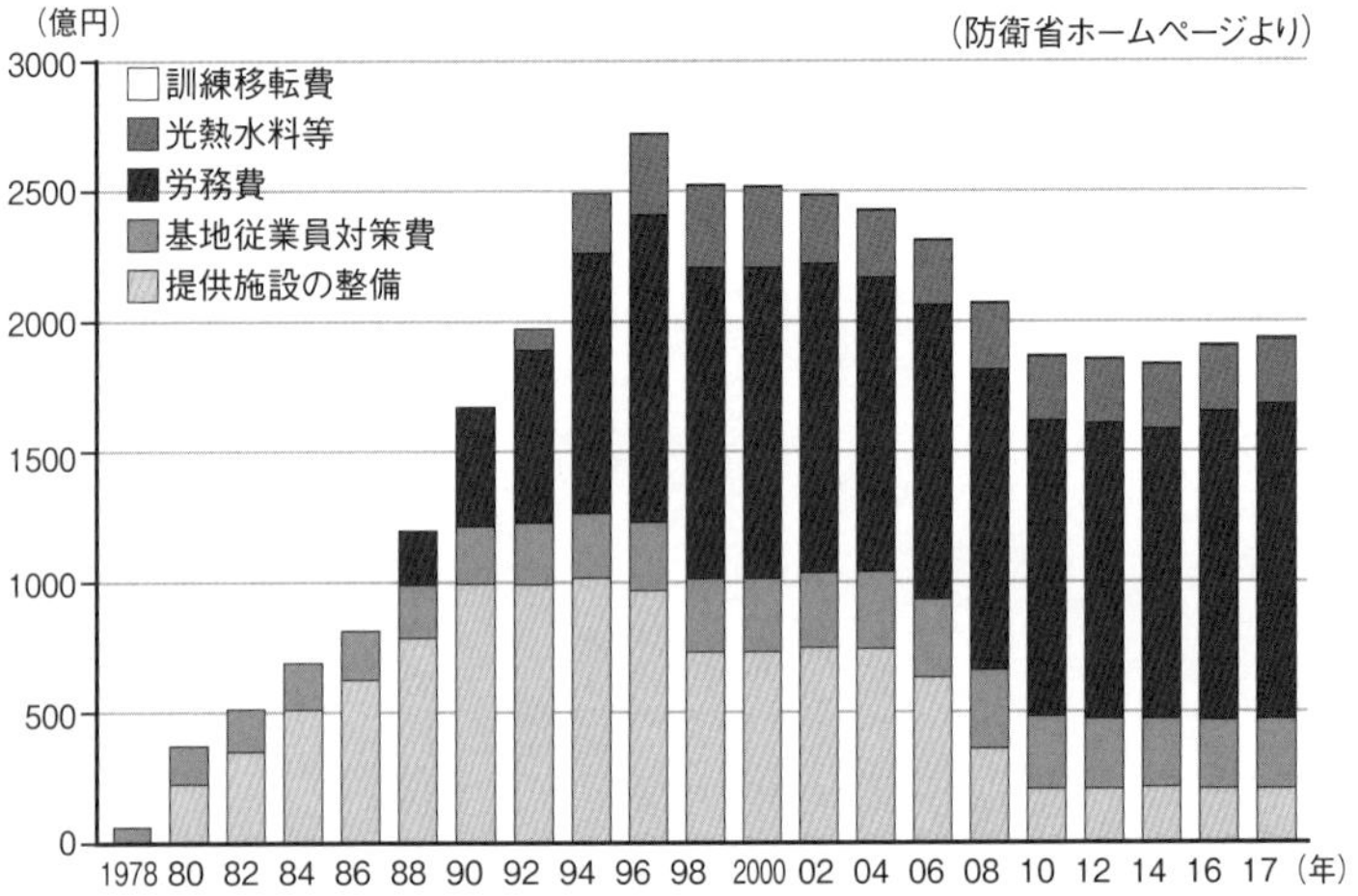

なく、航空機の格納庫やシェルター、車両整備工場など米軍の運用に直接かかわる施設、そして学校や病院、スーパーマーケットなどの生活関連施設からゴルフ場やボウリング場、映画館、バーなどの娯楽施設にまで日本の税金が投入されるようになっていました。これらの娯楽施設で働く従業員の給料や手当も、日本持ちです。

一九七八年度に六二億円でスタートした思いやり予算は、わずか一五年の間に、三〇倍を超える二〇〇〇億円規模に膨らんでいました。当初は、「暫定的、特例的、限定的」という説明で結ばれた特別協定も、事実上、恒久的なものになっていきます。

自衛隊員を後回しにして米兵士の生活を快適に

ここまでくるとアメリカも、日本の駐留経費負担を手放しで評価するようになります。一九九五年にアメリカ国防総省が発表した「東アジア戦略構想」という文書では、「**日本は、アメリカのいかなる同盟国にもまして、米軍受入国としての群を抜く寛大な支援を提供している**」と絶賛しました。

一方、米軍へのあまりの〝大盤振る舞い〟に、自衛隊関係者から不満の声が漏れるようになります。

「私は神奈川県の米海軍厚木基地のそばに住んでいますが、ここ数カ月、近くでは米軍官舎の建設ラッシュです（中略）官舎が、もういくつも建っているのに、毎日杭打ちの音が聞こえてきます。中は、どうなっているのか知りませんでしたが、三寝室、食堂兼居間、キッチン、浴室とシャワー室がつき、広さは一二〇から一三〇平方メートルと知って、まさか、そんな立派で、広かっただなんてショックでした」

これは一九九二年七月三日の「朝日新聞」の「声」欄に載った海上自衛官二尉の妻の投書です。

立派な米軍将兵の宿舎に比べて、自分たちの官舎は3DKで狭く、「壁もパラパラ落ち」るあばら屋だとして、「日本政府は、米軍や家族には、あんなに親切なのに、日本を守る自衛官には、どうして冷たいのでしょう。こんなお粗末な扱いをしながら、今度は海外へ行けと政府は言っています。低い給料、狭くて古い官舎の問題を解決してから、海外派遣を命令する資格ができるというものではないでしょうか」と米軍だけを〝思いやる〟日本政府への不信感を書きしるしています。

一九八七年の国会会議録によれば、米軍の家族住宅の代表的なタイプは広さ一二〇平方メートルで建設費は約二九〇〇万円。一方、自衛隊の家族用官舎は、広さが約五〇平方メートルのタイプが多く、建設費は全住宅の平均で約一〇〇〇万円となっています。米軍の司令官用宿舎にいたっては、広さ二四三平方メートルに四つの寝室と三つの浴室があり、リビングは三二畳、ダイニングは一八畳の豪華さです。

日本政府は、米軍の家族住宅は「アメリカ側の基準に基づいて整備している」と説明してい

米軍と自衛隊の住宅比較

米軍住宅の間取り例（4 寝室タイプ、157 ㎡）

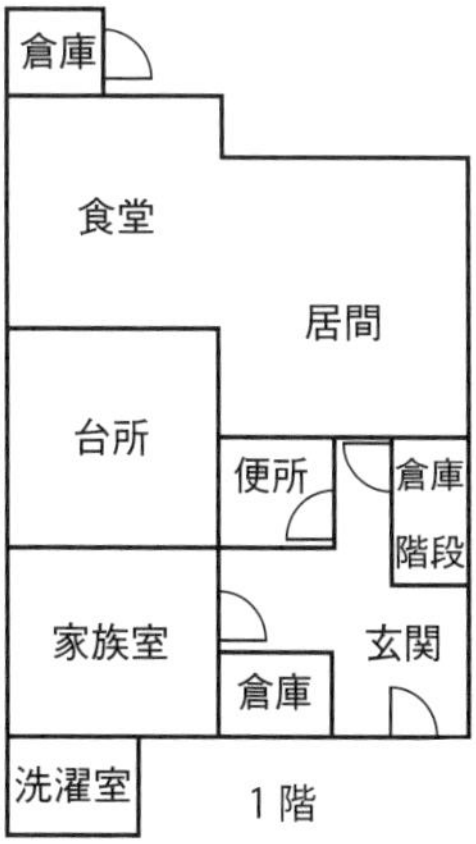

1 階

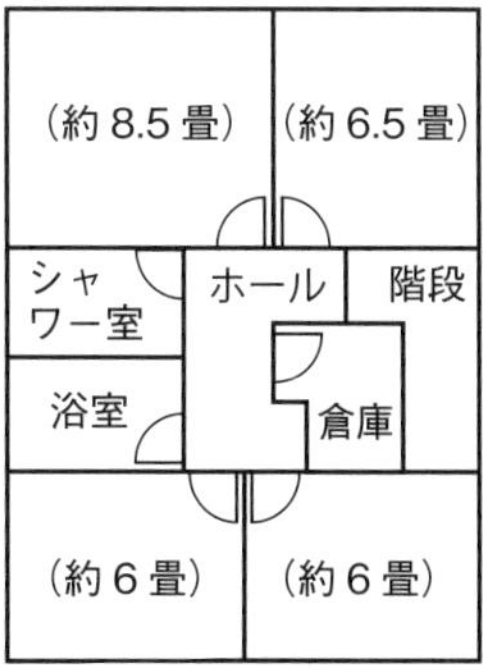

2 階

自衛隊官舎の間取り例（3LDK、74 ㎡）

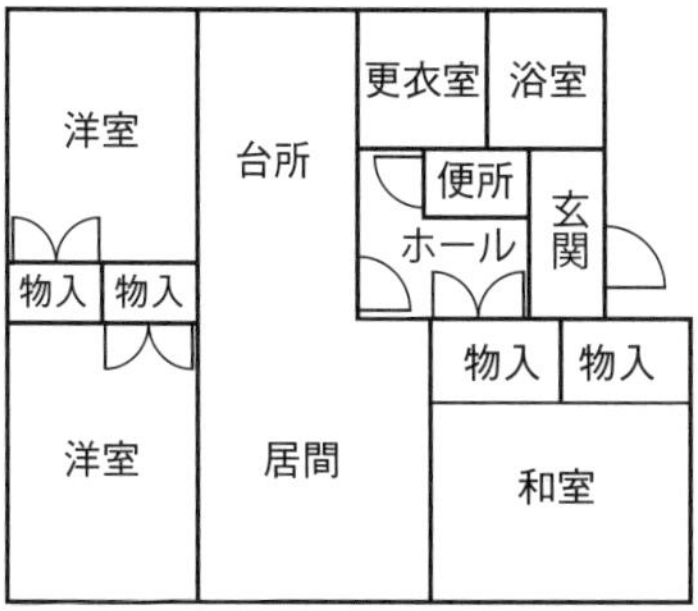

ますが、ドイツやイタリアなどでは米軍が自前で建設しています。日本でも、米軍が自前で建設しているのであれば、自衛官やその家族から不満が出ることはないと思います。しかし、日本の税金で造っているのに、これだけの格差があれば、不満が出るのは当然です。

しかも、一九九一年の特別協定改定以降は、光熱水費まで日本が負担しているのです。どれだけ電気を使っても電気料がかからないので、留守中もエアコンをつけっ放しにする米兵家族が少なくないといいます。過去には、エアコンをつけたまま、アメリカに一時帰国したケースもありました。ちなみに、自衛隊の官舎での光熱水費は、隊員の自己負担となっています。

二〇一七年度予算では、日本が負担する在日米軍の光熱水費は二四七億円となっています。一方、自衛隊の光熱水費は三一九億円。自衛官は約二二万五〇〇〇人（『防衛白書』二〇一七年版）いるのに対し、在日米軍は軍人と軍属を合わせても四万人に満たない数です。在日米軍が、いかに電気やガス、水などをふんだんに使っているかが、この数字からもわかります。

実は、一九九一年の特別協定改定で米軍の光熱水費まで日本側で負担することについては、防衛庁（当時）は当初、消極的でした。

筆者（布施）が外務省に情報公開請求をして入手した当時の外務省と防衛庁の協議の記録には、光熱水費の中に暖房用の燃料代も含めることを主張する外務省に対し、防衛庁は「そもそも『光熱水料』とは日常生活において最低限必要となるものを指しており、自衛隊員が吹きさらしの生活で十分に暖房を得ていないにもかかわらず、なぜ在日米軍の暖房費を日本側で負担する必要があるのかとの議論が出てくる可能性が高い」（防衛局長）と首を縦に振りませんでした。しかし、最終的には、可能な限り米軍の要求に応えようとする外務省に押し切られてしまいます。

思いやり予算は防衛予算の枠内で捻出するため、思いやり予算を増やすためには、自衛隊の予算をどこかで削らなければいけません。そうなると、米軍住宅を増設するために、自衛隊の官舎の建設を先送りにせざるをえないといったことが起こるのです。

思いやり予算は、自衛隊員の士気にもかかわる問題となっています。

「安保ただ乗り論」は方便にすぎない

一九九一年の特別協定を審議した国会では、なぜドイツや韓国など他の同盟国と比べて日本だけが突出した駐留経費を負担しなければいけないのかという質問が、野党議員から出されました。

それに対して、政府は日本の負担額がドイツや韓国と比べて多いのを認めた上で、次のように説明しました。

まずこの駐留経費の負担の仕方の差の前に、そもそもＮＡＴＯ条約、あるいは米韓、米比も同様でございますけれども、それぞれの条約のもとで関係国は相互防衛義務、つまりア

メリカを守る義務を負っているという点がございます。（松浦晃一郎外務省北米局長、一九九一年四月二日、参議院外務委員会）

また、当時防衛庁が作成した内部文書の中でも、次のようにドイツや韓国との違いを強調しています。

米国は日本防衛の義務を負っているが、我が国は米国の領土や我が国の領域以外の場所にいる米軍が攻撃されても、これを防衛する義務を負っていないという特徴を持っていることに留意する必要がある。後者は、我が国が憲法上集団的自衛権を行使し得ないことによるものであって、NATO条約において加盟各国が米国本土に対する攻撃に対しても相互に防衛する義務を負っていること、また、米韓相互防衛条約においても、韓国は太平洋において、いずれか一方の締約国に対する武力攻撃があった場合、米国と相互に防衛し合うこととしているのと比較すると極めて異なったものとなっており、これらの事実は、我が国の安全保障を考える上で十分認識されなければならない。したがって、西独及び韓国と我が国とを、駐留経費支援について同列に考えることはできない。（防衛庁、ポジションペーパー「在日米軍駐留経費支援について（未定稿）」一九九〇年三月二八日）

つまり、集団的自衛権を行使して相互に防衛し合うNATOや韓米相互防衛条約と違って、日米安保条約は「片務的」＝日本がアメリカに一方的に守ってもらうものなので、日本がドイツや韓国と比べて駐留経費を多く負担するのはやむをえないという理屈です。

しかし、日米安保条約が「片務的」というのは正確ではありません。

実際、この国会で、野党議員から「アメリカが（日本に）どんどん（駐留）経費を押しつけてきている背景には、日本は安保にただ乗りしているじゃないかという風潮とか議論があるのではないか」と問われた中山太郎外務大臣はこう答えました。

私は、安保ただ乗り論というアメリカの意見、そういうものについてただ乗りをしているという考えは持っておりません。日本は、日米安全保障条約に基づいて米軍に、極東の平和、安全のためにも効果がある日本の基地を地位協定によって提供しているわけでございますから、双務的な協定である、このように考えて、ただ乗り論という考えには同意をいたしかねます。（一九九一年三月一三日、衆議院外務委員会）

日米安保は、日本が一方的にアメリカに守ってもらっているのではなく、日本が基地を提供することでアメリカも利益を得ているので、日本が「ただ乗り」しているという批判は当たらないと言っているのです。

アメリカは日米安保条約によって日本を防衛する義務を負っていますが、そのためだけに日本に米軍を駐留させているのではありません。むしろ、第一の目的は、日本の防衛以外にあります。

そのことは、たとえば、一九六八年一二月六日にアメリカ国防総省が作成した極秘文書「日本と沖縄の米軍基地・部隊」（アメリカの民間機関「ナショナルセキュリティ・アーカイブ」が情報自由法に基づいて入手し公開）に、「（日本に）日本防衛のための基地は一つもない。いくつかの部隊が副次的に、そのような任務を持っているだけだ」と記されていることにも示されています。

また、一九九三年から一九九五年まで陸上自衛隊トップの陸上幕僚長を務めた冨澤暉氏も、「在日米軍基地は日本防衛のためにあるのではなく、アメリカ中心の世界秩序の維持存続のためにある」（公益社団法人「安全保障懇話会」の二〇〇九年二月の会報）と記しています。

冨澤氏が指摘した通り、アメリカが日本に基地を置く最大の目的は、アメリカ自身の世界戦略のためにその基地を活用するためであり、日本防衛というのはあくまで副次的なものなのです。

実際、在日米軍基地は、朝鮮戦争、ベトナム戦争、湾岸戦争、アフガン戦争、イラク戦争とアメリカが第二次世界大戦後にアジアや中東で行った軍事行動のほとんどで出撃拠点や兵站《へいたん》拠点として使われてきました。

一九九一年の特別協定を結んだ時のアメリカ国防長官、ディック・チェイニー氏も「米軍が日本にいるのは、日本を防衛するためではない。米軍にとって日本駐留の利点は、必要とあれば常に出撃できる前方基地として使用できることである。しかも日本は米軍駐留経費の七五％を負担してくれる。極東に駐留する米海軍は、米国本土から出撃するより安いコストで配備されている」（一九九二年三月五日、米下院軍事委員会）と発言しています。

日米安保は、日本がアメリカに一方的に守ってもらっているのではなく、日本に基地を置くことでアメリカも大きな利益を得ているのです。ですから、「安保ただ乗り論」は事実ではなく、アメリカが日本に負担増を要求し、日本政府がその要求をのむ際に、その理由を説明するための「方便」として使われてきたと言えるでしょう。

集団的自衛権で米軍に貢献できるようになっても減らされなかった日本の負担額

このことを証明するような出来事が最近ありました。

日米両政府は二〇一五年七月に、二〇一六年三月末で期限が切れる思いやり予算の特別協定を更新する交渉をスタートさせます。

交渉がスタートした当初、日本政府は現行水準からの減額をアメリカ側に提案しました。理由は、安全保障関連法の成立で集団的自衛権の行使が一部可能となり、他にも平時から米軍の艦船や航空機を防護できるようになるなど、自衛隊による軍事的貢献が増大するからです。

しかし、アメリカ側は首を縦に振らないどころか、逆に三割の増額を要求してきたのです。増額の理由は、外交・安全保障の軸足をアジア太平洋に移すリバランス（再均衡）政策で、最新鋭のイージス艦を日本に追加配備するなどアメリカ側の負担が増えるからだといいます。

結局、日米両政府は二〇一六年一月二二日、二〇二〇年度までの五年間で総額九四六五億円の思いやり予算を日本が負担する特別協定に署名しました。この金額は、二〇一一年から二〇一五年度までの総額を一三三億円上回っています。アメリカは、安保関連法による日本の軍事的貢献の拡大とは関係なく、「既得権益」である思いやり予算を何としても確保しようとしたのです。

このことからも、「日米安保の片務性」とか「安保ただ乗り論」が、日本の破格の駐留経費負担を正当化する「方便」として使われてきただけだとわかります。

第四章

国連PKO地位協定

日本は特権を享受するだけで責任を果たさなくてよいのか

日本が関係する地位協定には、もう一つ、国連平和維持活動（ＰＫＯ Peacekeeping Operations）の地位協定があります。

日本は一九九二年にカンボジアのＰＫＯに初めて自衛隊を派遣して以降、モザンビーク（一九九三年〜）、ゴラン高原（一九九六年〜）、東ティモール（一九九九年〜）、スーダン（二〇〇八年〜）、ハイチ（二〇一〇年〜）、南スーダン（二〇一一年〜）など計一四の国連ＰＫＯに参加してきました。

部隊としては、施設部隊と輸送部隊を派遣し、後方支援活動を担ってきました。また、司令部要員、停戦監視要員、選挙監視要員なども送ってきました。これまでにＰＫＯに派遣した自衛隊員は、延べ一万人を超えています。

みなさんは、これらの自衛隊員が海外の地で、どのような法的地位の下で活動しているかご存じでしょうか？

国連ＰＫＯで活動する要員の法的地位を定めているのは、日本ではほとんど注目されず、ニユースにも出てくることがない国連地位協定（以後、「ＰＫＯ地位協定」）です。これは、各国部隊を統括する国連がＰＫＯの受入国と締結します。

国連憲章一〇五条は、一般的に国連の要員は「自己の任務を独立に遂行するために必要な特権及び免除を享有する」と定めています。その特権と免除について、ＰＫＯ受入国との間で具体的に決めているのがＰＫＯ地位協定です。

国際人道法遵守を明記したＰＫＯ地位協定の新条項

ＰＫＯ地位協定の内容は、日米地位協定と同じように、刑事・民事の裁判管轄権、武器の携行・使用、税金・関税、出入国手続き、自動車免許・車両登録、通信、現地人の雇用など多岐にわたっています。

これまでに一万人以上の自衛隊員を送り出しているにもかかわらず、日本ではなぜか、このＰＫＯ地位協定の内容はほとんど知られていないと言っても過言ではありません。

ＰＫＯ地位協定では、刑事裁判権については、公務中・公務外にかかわらず、ＰＫＯ要員には完全な免責特権が与えられます。これは、国連職員に対して外交官と同じような外交特権を認める「国連特権・免除条約」（一九四六年）にならっています。

ちょうど二〇年前の一九九七年から、国連はＰＫＯ地位協定に、ある新しい条項を盛り込むようになりました。この条項は、国連ＰＫＯの性格が大きく変わったことを象徴的に表しています。

二〇一七年五月まで自衛隊も参加していた南スーダンPKO（UNMISS）の地位協定にも、この条項が入っています。

●UNMISS地位協定　第六条一項

国連は、国連南スーダン派遣団（UNMISS）の軍事要員の行動に適用される国際条約の原則および規則を完全に遵守して、南スーダンにおける作戦を遂行することとする。これらの国際条約には、一九四九年採択のジュネーブ諸条約と一九七七年採択の同条約追加議定書、そして、一九五四年採択のユネスコ・武力紛争の際の文化財の保護に関する条約が含まれる。

一九四九年採択のジュネーブ諸条約と一九七七年採択の追加議定書は、「国際人道法」と呼ばれているものです。かつては、「戦時国際法」「武力紛争法」と呼ばれていました。戦時下における民間人の保護や捕虜の待遇などを定めた、いわば「戦争のルール」です。

国連は一九九七年から、PKO部隊はこの「戦争のルール」を完全に守って作戦を遂行すると地位協定に明記するようになったのです。これは、国連PKOの歴史の大きな転換点でした。

なぜなら、これは国連PKO部隊が「武力紛争の当事者」になる可能性を認めたことを意味するからです。

国連ＰＫＯは、その名の通り、国連が紛争地域の平和の維持のために行う活動です。「平和維持」ですので、元々は、武力紛争または戦闘行為が終結していることが活動の前提となっていました。具体的には、和平合意が結ばれた後に、国連が停戦監視などを行うことで紛争の再発防止を図り、和平合意の実施を支援するのが伝統的なＰＫＯでした。紛争当事者が和平合意に署名していることが活動の前提ですので、ＰＫＯ部隊が「武力紛争の当事者」になることは想定されていませんでした。

ルワンダ大虐殺を契機に住民保護のため紛争に介入

それが変わる契機の一つとなったのが、一九九四年にアフリカのルワンダで起こった大虐殺です。

ルワンダでは一九九〇年から、最大民族のフツ族が中心の政府とツチ族が中心の反政府組織「ルワンダ愛国戦線（ＲＰＦ）」との間で内戦が勃発していましたが、一九九三年八月に両者の間で和平合意が結ばれました。それを受けて国連は、和平合意の実施を支援するために約二五〇〇人の軍事要員と六〇人の文民警察官を中心とするＰＫＯ部隊を派遣します。しかし、両者の対立は収まらず、治安はなかなか改善しませんでした。

そして、翌一九九四年四月に大統領が搭乗した航空機が撃墜されたのが引き金となって、ついに大虐殺が始まってしまいます。ＲＰＦがルワンダ全域を制圧して戦闘が終結するまでの約一〇〇日間に、人口の二割近い八〇万人以上が犠牲となりました。ルワンダ国内に国連のＰＫＯ部隊が展開していたにもかかわらず、これだけの大虐殺が起こってしまったのです。

実は、大虐殺が始まる数カ月前、国連ＰＫＯ部隊の司令官を務めていたロメオ・ダレール（当時のカナダ軍少将）の元に、フツ族民兵がツチ族の絶滅を計画しているとの情報がもたらされていました。ダレール氏はそれを止めるために、ＰＫＯ部隊がフツ族民兵の武器貯蔵庫を制圧する緊急の計画を立案しましたが、国連本部は安保理決議で定められたＰＫＯの任務を超えるとして許可しませんでした。

大虐殺の初期、ＰＫＯのベルギー軍兵士一〇人がルワンダ政府軍（大統領警護隊）に拘束され、惨殺される事件が起こります。この事件を受けてベルギー政府は、ルワンダから部隊を撤収させます。国連もＰＫＯの前提となる和平合意が崩壊したと判断し、ＰＫＯ部隊の大半を撤収させます。

ＰＫＯの司令官だったダレール氏は、カナダに帰国後、贖罪《しょくざい》意識とＰＴＳＤに苦しみ、アルコールとドラッグを用いて自殺未遂を起こします。国連にとっても、ＰＫＯが展開しながらジェノサイドを止めることができず、目の前で虐殺される人々を見放して撤収したという事実は、大きなトラウマになります。

このトラウマから生まれたのが、「保護する責任」という考え方です。「保護する責任」とは、ある国家が人々を保護する責任を果たせない場合は、国際社会が代わってその責任を果たさなければならないという考え方で、ダレール氏の母国であるカナダ政府が中心となって提唱しました。二〇〇五年には、国連首脳会合の成果文書にも盛り込まれ、国家が大虐殺や民族浄化など人道に対する罪から自国の国民を保護できない場合は、国連が安保理を通じて集団的行動をとる用意があることを確認しました。

こうした中で、ＰＫＯの性格も大きく変貌していきました。それまでのＰＫＯの主任務であった停戦監視など紛争の再発防止に加えて、「文民保護」という任務の優先度が高まったのです。そして、ルワンダ大虐殺の時のように停戦が破られたから撤収するのではなく、住民を攻撃する勢力がいた場合は、ＰＫＯ部隊が武力を行使してでもそれを排除し、住民を保護するべきだという考え方に変わっていきます。つまり、住民が攻撃されている時に「中立」であってはならず、ＰＫＯ部隊自身が「武力紛争の当事者」になってでも住民を守ることを、国連が決意したのです。

国連が一九九七年以降、ＰＫＯ地位協定にＰＫＯ部隊が「戦争のルール」である国際人道法を完全に遵守することを明記するようになったのも、そのためです。

ＰＫＯ部隊全体が「紛争当事者」になる可能性

さらに一九九九年には、国連のコフィー・アナン事務総長が、国連部隊に適用される国際人道法の基本原則および規則に関する告示を出します。これによって、平和維持活動を行うPKO要員も、戦闘員として武力紛争に関与し、武力行使する場合（自衛目的でも）には国際人道法が適用されることが、国連の一般原則となったのです。

このPKOの性格の変化は、日本にとっても非常に大きな意味を持っていました。なぜなら、日本は憲法九条で、国際紛争における武力の行使を禁じているからです。PKO法で「紛争当事者の間で停戦合意が成立していること」「紛争当事者がPKOの活動に同意していること」「PKOが特定の紛争当事者に偏ることなく、中立的立場を厳守すること」などを自衛隊派遣の要件（PKO参加五原則）としているのも、自衛隊が武力紛争に巻き込まれて、憲法が禁じる武力行使を行わないための担保です。

ところが、現在の国連のPKOは停戦が破られても撤収せず、時には、武力紛争に介入してでも住民を保護しなければならないとなっているのです。

南スーダンのPKOも、二〇一三年一二月に内戦が勃発しても撤収せず、最優先の任務をそれまでの「国づくり支援」から「文民保護」に変更し、兵力も増強して活動を継続しました。二〇一五年八月に大統領と反政府勢力のトップである前副大統領の間で和平合意が結ばれ、いったんは両者による暫定統一政府が発足しましたが、二〇一六年七月に戦闘が再燃。国連安保理は、さらに四〇〇〇人規模の「地域防護部隊」の増派を決めました。

この「地域防護部隊」には、国連要員や民間人、空港などの重要施設を守るために「必要なあらゆる措置」をとる権限が付与され、国連要員や住民への攻撃が準備されているとの信頼できる情報がある場合は「先制攻撃」さえも認められています。

同じくアフリカのコンゴ民主共和国に展開しているPKOでも、二〇一三年に、反政府ゲリラの無力化、武装解除を目的に先制攻撃が許される三〇〇〇人規模の「介入旅団」が設立され、同国政府軍と共同して掃討作戦を行いました。まさしく、PKO部隊自体が「紛争当事者」となって作戦を遂行したのです。

問題は、PKOの中の一部の部隊が武装勢力との交戦状態に入った場合、その部隊だけが法的な意味での「紛争当事者」、つまり交戦主体になるのか、あるいはPKO部隊全体がそうなるのかということです。

二〇〇〇年七月、筆者（伊勢﨑）は東ティモールPKO（UNTAET）の民政官として、インドネシアと国境を接するコバリマ県の行政を統括していました。この時、統括していたPKO部隊が東ティモールの独立に反対する民兵グループと遭遇して銃撃戦となり、コバリマ県の治安維持を担っていたニュージーランド軍の歩兵大隊に所属する兵士一人が殉職する事件が発生しました。

私たちはこれを契機に、この民兵グループを交戦主体、つまり「合法的に殲滅《せんめつ》できる主体」とみなし、前年に出されていた国連事務総長告示に従って、国際人道法を遵守しながら掃討作戦を行いました。

ニュージーランド軍歩兵大隊は、彼らを追い詰め、文字通り「殲滅」しました。「警察比例の原則」、つまり「犯人」の人権保護の観点からその武装に比例してこちらの攻撃力を行使し、犯人を逮捕して刑法で裁くという警察行動ではありません。一〇人に満たない軽武装の「敵」を、六〇〇人以上の歩兵大隊が武装ヘリ、装甲車を駆使して、全員射殺したのです。

インドネシアの圧政下から独立したばかりの東ティモールでしたので憲法も刑法もなく、暫定行政を担うPKOは、インドネシア統治時の刑法を一部修正・流用して日常を統制していました。国連文民警察は、これを根拠に警察権を行使していたのです。しかし、前記の事件で、現場は一瞬にして「平時」から国際人道法が支配する「戦時」へと変貌しました。

この時、同じく東ティモールPKOに参加しコバリマ県に展開していたパキスタン軍の工兵大隊が無縁だったかというと、そうではありません。「敵」である民兵たちにとっては、同じブルーヘルメットをかぶり、国連PKO司令部の指揮下にあることを示す国連章を右上腕に付けるパキスタン工兵部隊を、ニュージーランド歩兵部隊と区別する国際人道法上の義務はないのです。つまり、多国籍の全部隊が紛争当事者として「一体化」するのです。ちなみに、PKO部隊の左上腕には派遣国の国章がつけられています。

コンゴ民主共和国で「介入旅団」が設立された時も、この議論はありました。結論としては、実際に交戦しているのが介入旅団だけでも、PKO司令部の統一した指揮の下で作戦を遂行しているので、PKO部隊全体が紛争の当事者つまり交戦主体になるという解釈がなされています。「地域防護部隊」のある南スーダンでも、これはまったく同じです。

たとえば自衛隊だけヘルメットに「9（憲法第九条の9）」と書いておいても、「敵」にそれを識別する義務はないのです。識別義務があり、攻撃すると国際人道法違反になるのは赤十字のマークだけです。

「言葉の言い換え」でごまかしてきた日本政府

国連が「文民保護」のためにＰＫＯは交戦主体になることから逃げてはならないと言っている時に、交戦主体になることが憲法で禁じられている自衛隊がＰＫＯに参加すると、大きな矛盾が生じます。

この矛盾を覆い隠すために日本政府がやってきたことは、「言葉の言い換え」です。日本政府は、自衛隊は国連（ＰＫＯ司令官）の「指図《さしず》」は受けるが、「指揮」下には入らないと説明してきました。国連には各国部隊に対する作戦統制権はあるが、強制力を担保する命令不服従に対する懲戒権などがないので「指揮」ではない、指揮権はあくまで東京（日本政府）にあるというのです。

しかし、これは非常に恣意的なミスリードです。「指図」も「指揮」も、英語にすると同じ「command（コマンド）」なのです。

ＰＫＯ司令部は、受入国と国連が結ぶＰＫＯ地位協定を担保に、各国部隊に対して「特権をやるから言うことを聞け」と指揮権を行使するのです。そして、その特権が引き起こす軍事的過失の説明責任を受入国に対して負うのは、国連です。

自衛隊も例外ではありません。作戦上の指揮権を握るのは、あくまで国連の統一コマンドです。自衛隊が行う「駆けつけ警護」も、そのコマンド下にあるのです。

自衛隊が参加しているのは、施設整備が任務の「PKO」であり「PKF（平和維持軍）」ではないというのも、まったく根拠のない主張です。

一つのPKOを、現場の人間は「ミッション」と呼びます。PKOミッションは、軍事部門であるPKFを中心に、大きく分けて四つの部門から成り立っています。

①PKF（国連平和維持軍 Peacekeeping Forces）
②国連軍事監視団
③国連文民警察
④民生部門

①PKFは、文字通り「部隊」です。主体は、戦闘を任務とする歩兵部隊。装甲車や戦車の機甲部隊がつくこともあります。加えて、どんなPKOミッションにも必ずある工兵部隊。こちらは軍事作戦に必須の戦略道路網、通信等のインフラの構築やその維持が任務となります。

歴代の自衛隊の施設部隊はＰＫＦの工兵部隊であり、現場では、ずっとその扱いでした。そうでなかったら、いったい自衛隊は①〜④のどこに入っていたのか、ということになります。自衛隊だけ、単独行動の「特殊ゲリラ部隊」でしょうか。

同じＰＫＯミッションの中でも、①のＰＫＦと②③④には決定的な違いがあります。ＰＫＦの単位は「国」、それ以外の部門は「個人」となっています。④の民生部門は当然ですが、現役の軍人・警察官で構成される国連軍事監視団と国連文民警察は「国連職員」として扱われます。つまり、個人として国連のペイロール（給与簿）に載り、給料が支払われるのです。

これに対してＰＫＦは、「部隊」としての参加になります。国連は各国部隊の派遣人員に応じて「償還金」を支払いますが、支払う先は個人ではなく各派遣国です。発展途上国にとっては、ＰＫＦは重要な外貨稼ぎの財源となってきました。発展途上国ではありませんが、日本政府にも、この「国連償還金」が支払われてきたのです。

ＰＫＦじゃなくＰＫＯ――これは、自衛隊の活動が憲法違反になるのを回避するための「言葉遊び」にすぎません。

もう一つの言葉の言い換えは、自衛隊は「武器の使用」はしても「武力行使」はしないという説明です。

日本のＰＫＯ法は、自衛隊員の危害射撃（相手の殺傷を目的とした射撃）を正当防衛・緊急避難の場合に限定しています。そして、自分や自分の管理下に入る者の生命や身体を守るために武器を使うことは「自己保存のための自然権的権利」であり、憲法九条が禁ずる「武力行使」には当たらない、と日本政府は解釈しています。

この場合、武器使用を行うのはあくまで「自衛官個人」であり、いわゆる「警察比例の原則」に基づき必要最小限の射撃しかできません。通常、軍隊の武力行使は、兵士個人ではなく部隊行動として行われ、敵の無力化・殲滅を目的とします。だから、自衛隊の「武器の使用」は「武力行使」とは異なるというのです。

しかし、実際に銃撃戦が始まってしまえば、「警察比例の原則」とか、どこまでが正当防衛・緊急避難かなど、ゆっくり考えているひまなどありません。自衛官が、正当防衛・緊急避難の範囲を超えて過剰に射撃を行ってしまうことだって考えられるでしょう。ところが、日本政府は、自衛隊は事前に十分な訓練を行ってから派遣されるので、法律で認められた範囲を超えて武器の使用を行うことは考えにくいと説明しているのです。

さらに、仮に正当防衛・緊急避難を超える武器の使用を行ったとしても、「国際的な武力紛争の一環としての戦闘行為」でなければ、憲法が禁ずる「武力行使」にはならないとも説明しています。日本政府の定義によれば、「国際的な武力紛争」とは「国家又は国家に準ずる組織の間において生ずる武力を用いた争い」を意味します。つまり、相手が「国または国に準ずる組織」でなければ、どんなに武器を使っても「武力行使」にはならないというのです。

たとえば、南スーダンの反政府勢力（マシャール前副大統領派）は「国に準ずる組織」ではないと日本政府は判断しています。だから、事実上の内戦状態で、国連は国際人道法が適用される武力紛争と認定しているにもかかわらず、日本政府は「南スーダンで武力紛争が発生したとは考えていない」と言い続けてきたのです。マシャール派が「国に準ずる組織」ではないとすると、自衛隊がマシャール派とどんなに激しい銃撃戦を行っても、憲法が禁ずる「武力行使」にはならないのです。「武力紛争」にも「武力行使」にもならないということは、国際人道法も適用されないということです。

しかし、これらは憲法との整合性をとるために日本政府が考え出した「言葉遊び」にすぎず、国際的にはまったく通用しない論理です。一九九九年の国連事務総長告示でも、自衛目的であってもPKOの軍事要員が武器を使用する場合には国際人道法を遵守しなければならないとはっきりと述べています。

その証拠に、国連が南スーダン政府と締結している地位協定では、PKO部隊は国際人道法を完全に遵守して作戦を遂行すると約束しているのです。実際に、自衛隊はこの地位協定に統制され、国際人道法に基づいて活動を行ってきたのです。

軍事的過失を裁くことができなければ外交問題に

それでは、もしPKOに参加する自衛隊員が戦闘に巻き込まれ、正当防衛を超えて過剰に反撃し、周囲にいた民間人も巻き添えにして殺害してしまった場合、どうなるのでしょうか。

国際人道法では、軍事行動は軍事目標のみを対象にし、民間人を標的にしたり、無差別な攻撃を行うことを禁止しています。これに基づき、一九九九年の国連事務総長告示でも、PKO部隊の武器使用に関して次のように定めています。

●国連事務総長告示「国連部隊による国際人道法の遵守」第五条　一般市民の保護

国連部隊は何時においても、一般市民と戦闘員、および、民間施設と軍事目標とを明確に識別するものとする。軍事作戦は、戦闘員と軍事目標のみを対象にするものとする。

一般市民あるいは民間施設に対する攻撃は禁止される。

(中略)

国連部隊は、軍事目標と一般市民を無差別に攻撃する可能性が高い性質の作戦、および、一般市民の巻添えによる死亡、あるいは、期待される具体的かつ直接的な軍事的効果に比して過大な民間施設への損害をもたらしうると見られる作戦の遂行を禁じられる。(国連広報センター訳)

これらの規定は、国連が定めるPKOの交戦規定にも明記されています。では、PKOの軍事要員がこのルールを破って軍事目標を明確に識別せず、無差別攻撃を行って一般市民を殺傷してしまった場合、どうなるのでしょうか。

まず、PKO要員はPKO地位協定によって受入国の刑事裁判権から完全に免責されるので、受入国の刑法が適用されることはありません。しかし、ルールを破って一般市民を殺傷したPKO要員が無罪放免になったら、受入国の国民は納得しないでしょう。そのことで、現地住民のPKOへの感情が悪化すれば、ミッション全体の任務の遂行にも悪影響を及ぼします。

そこで、国連は、PKO要員が犯罪を犯したり国際人道法違反の行為をした場合は、その要員の派遣国が自国の法律に基づいて処罰することを求めています。一九九九年の国連事務総長告示でも、「国際人道法に違反した場合、国連部隊の軍事要員は、それぞれの国内裁判所で起訴の対象となる」（第四条）と定めています。具体的には、各国の軍法会議で裁かれることになります。

しかし、自衛隊には軍法も軍法会議も存在しません。日本の刑法で国外犯規定のある殺人罪の場合は、日本国内の裁判にかけることは可能ですが、業務上過失致死罪の場合は、日本の刑法は適用されません。そもそも、日本政府は自衛隊員がPKOで国際人道法違反を犯すことを想定していないので、そのような法整備はいっさいなされていないのです。もし起きてしまった場合は、その隊員個人の〝故意犯〟としての起訴か懲戒など自衛隊内の行政処分で対応するしか手段がありません。

これは、最悪の場合、外交問題に発展するおそれもあります。

実際、かつてイラクで似たようなことが起こりました。二〇〇四年に発覚したアブグレイブ刑務所における捕虜虐待事件です。

イラクで米軍が拘留施設として使用していたアブグレイブ刑務所で、捕虜に対する著しい虐待が行われていたことが内部告発によって発覚します。男性捕虜を全裸にして人間ピラミッドをつくらせたり、捕虜の手と足に電極をつないで箱の上に立たせたり、軍用犬をけしかけたり、性的虐待を行ったりしていました。

この事件には、米軍兵士だけでなく、民間軍事会社の社員も通訳や尋問官として関与していました。虐待を行っていた米軍兵士は軍法会議にかけられ処罰されましたが、軍人ではない民間軍事会社の社員は軍法会議にかけることはできないため、処罰されませんでした。

海外で米軍とともに活動するコントラクターについては、アメリカ内で懲役一年以上に相当する罪を海外で犯した場合、二〇〇〇年に制定された「軍事域外管轄権法（ＭＥＪＡ）」によってアメリカ内の連邦裁判所で裁けるようになっていました。しかし、これはアメリカ国防総省に雇われたコントラクターに限られていました。アブグレイブ刑務所で虐待を行っていた民間軍事会社の社員らは、中央情報局（ＣＩＡ）など国防総省以外の連邦機関に雇われていたため、この法律も適用できなかったのです。

この「法の空白」を埋めるために、二〇〇四年一〇月にＭＥＪＡは改正され、米軍の作戦を支援するすべての連邦機関に雇われた軍属やコントラクターに適用されることになりました。

しかし現実には、イラクで罪を犯したコントラクターの要員が、ＭＥＪＡによって米本土の連邦裁判所で裁かれることはほとんどありませんでした。法改正から三年後の二〇〇七年にイラクで起こったある事件によって、そのことが表面化します。

二〇〇七年九月一六日、首都バグダッドのイスラム教スンニ派住民が多い地区を、駐イラク米大使館員の車列が猛スピードで進んでいました。その車列を護衛していたのは、米軍ではなく、重武装した民間軍事会社ブラックウォーター社の社員でした。

車列が同地区のヌスール広場にさしかかった時、一台の車が交通整理をしていたイラク警察の制止を無視して広場に入ってきました。ブラックウォーター社の社員たちは、その車に向かって一斉に銃を乱射。結果的に、車に乗っていた若いイラク人夫婦と子どもも含めて一四人の市民が犠牲となりました。

イラク政府はブラックウォーター社の社員たちをイラクの法廷で裁くように求めましたが、当時、多国籍軍の兵士だけでなくコントラクターの要員にも刑事免責特権を与える「CPA（連合国暫定当局）令第一七号改正」がまだ生きており、アメリカ政府はこれを盾にイラク側による起訴を認めませんでした。

ブラックウォーター社の社員たちは、国務省と契約していました。前述のようにアブグレイブ刑務所の捕虜虐待事件の後、MEJA法が改正され、米軍の活動を支援するあらゆる連邦機関と契約するコントラクターがこの法律の適用対象となりました。ところが、その後にイラクでコントラクター要員が起こした事件のほとんどすべてが不起訴とされていたことが明らかになります。

イラクの人々の積み重なった怒りが爆発し、この事件は外交問題に発展します。アメリカ側に裁判権放棄を求めて拒否されたイラク政府は、翌年に始まった米軍駐留延長のための地位協定交渉で、民間軍事会社要員の刑事裁判の免責特権剝奪を強く主張します。アメリカ側も駐留延長のために妥協せざるをえなくなり、二〇〇九年一月に発効した地位協定の下では、民間軍事会社の犯罪はイラクの法廷で裁かれることになりました。

ブラックウォーター事件後、アメリカ議会では、ＭＥＪＡ法の運用をより厳格にする改正案が可決されました。そして、同事件にかかわった元社員四人は、ＭＥＪＡ法により殺人や過失致死傷の疑いで起訴され、二〇一五年四月、ワシントンの連邦地裁は終身刑から禁錮三〇年の実刑判決を下しました。

このように、免責特権を与えられた外国軍隊の兵士やその関係者が犯罪を犯し、それが派遣国の裁判でも処罰されない場合、その国の人々や政府の怒りを呼び起こし、駐留そのものを揺るがす外交問題に発展しかねません。

それは、日本でも同じでしょう。

たとえば、沖縄で米軍基地を警備する米兵が一般市民に誤って発砲し、殺してしまったとしましょう。事件は「公務中」に起きたので、日米地位協定ではアメリカ側に第一次裁判権があり、日本側では米兵を裁判にかけることはできません。その代わり、アメリカの軍法会議で裁かれます。もしこれが、アメリカには軍法がなくて裁けません、と言われたらどうしますか？

そういう話なんです。こうした日本とアメリカの関係を考えれば、軍法がない状態で海外に軍事組織を派遣するということがどれだけ無責任なことなのか想像できそうなものですが、なかなかそうした議論にはならないのが不思議で仕方がありません。

日本はこれまで、日米地位協定によって「被害」を受ける側でしたが、自衛隊が国連PKOで海外に出ていくようになった今、「加害」の側になる可能性もあるのです。しかも、外交問題に発展した時、それは受入国と日本との二国間の問題にとどまらず、PKOミッション全体に深刻な影響を与える可能性があります。

PKO部隊が文民保護のために「紛争当事者」になるかもしれない時代に、国際人道法違反を国内法廷で裁く法制度を確立していない国は、そもそもPKOに参加する資格はないのです。そのことに目をつぶったまま、PKOへの派遣を続けるのは、あまりにも国際法に対して無頓着、無責任だと言わざるをえません。

「駆けつけ警護」の「邦人を守るため」はウソ

このような根本的な問題を解消しないまま、二〇一五年九月に安保関連法の一つとしてPKO法が改正され、駆けつけ警護や巡回や検問などの治安維持任務もできるようになってしまいました。確かに、自衛隊がこれらの任務を実際に行えば、戦闘に巻き込まれるリスクは高いでしょう。

しかし、そもそも、国連ＰＫＯの現場に「駆けつけ警護」なる用語は存在しません。あるのはProtectionです。これは、駆けつけようと、駆けつけまいと、ＰＫＯで活動する国連職員、ユニセフ等の国連関連団体、ＮＧＯ等の人道援助団体関係者を、武力を使って保護します、ということです。そして、この任務は、一義的には国連文民警察、特にFormed Police Unitという警察機動部隊の仕事で、ＰＫＯ部隊であれば典型的な歩兵部隊もしくは特殊部隊の仕事です。自衛隊のような専門外の施設部隊に通常任務としてそれをやらせることは、まず、ありえません。

なぜなら、専門外の部隊を送って、そこで何かあった場合、地位協定上の責任は国連ＰＫＯ司令部が負わなければならないからです。しかも、自衛隊には、国際人道法違反という「軍事的過失」を裁く軍法も軍事法廷もないのです。そんな部隊に、ＰＫＯ部隊の司令部が戦闘になることが想定される任務を与えることは、まず考えられません。

日本政府は、駆けつけ警護を、あたかも現地にいる邦人の保護のために行うものであるかのように説明していますが、これはＰＫＯの現場ではありえないことです。

自衛隊だから日本人を助けるというような同国人優先を国連は認めません。国籍で〝トリアージ（選別）〟するのは国連ではタブーなのです。

それに、世界で日本人の人道援助要員が働いているところは、自衛隊が派遣されていない国が圧倒的に多く、南スーダン国内でも自衛隊がとても行けない危険な場所で彼らは働いているのです。首都ジュバで日本の自衛隊が日本人優先を言い出したら、それよりも圧倒的に多い自衛隊がいない地域で働く日本人が〝差別〟される理由をつくってしまいます。

安倍晋三首相は、二〇一六年七月にジュバで大規模戦闘が起こった時、まだ新任務が付与されていなかったので、当時ジュバ市内にいたJICA関係者を自衛隊が空港まで輸送することができなかった、だから、同じような不測の事態が起こった時に邦人を助けることができるように新任務を付与したのだ、と説明しています。

これは、事実ではありません。

事実はこうです。当時ジュバに滞在していたJICAの職員四七人は、七月一三日に、JICAが手配したチャーター機でジュバ国際空港からケニアのナイロビ国際空港に退避しました。その際、JICAは、職員らが住む場所から空港までの輸送を自衛隊に要請しました。

しかし、結果的にその輸送は実現せず、JICAと日本大使館の三台の防弾車を使って空港までの約一キロを六往復して移動したといいます。北岡伸一JICA理事長は「ジュバの自衛隊はUNMISSの傘下にあり、国連の許可なく勝手に動けない。そのためにUNMISS傘下ではない別の兵員を送るということになれば、現地に自衛隊がいるのに、別途一万一〇〇〇キロ離れた日本から兵員を派遣しなければならない。こんなおかしな話はない。もう少し工夫の余地はなかったのだろうか」(「読売新聞」二〇一六年七月三一日)と述べています。

北岡氏が書いているように、自衛隊による陸上輸送が実現しなかった理由は、駆けつけ警護の新任務が付与されていなかったからではなく、UNMISS司令部のゴーサインが得られなかったからです。前述した通り、PKO部隊の作戦統制権は国連が持っており、派遣国はたとえ「一キロ」であっても自国の部隊を勝手に動かせません。司令部がノーと言っているのに勝手に実行したら、それは軍紀違反です。

しかし、国連には独自の軍法や軍事法廷はないので、命令を各国部隊に強制する力はありません。問題は、勝手に部隊を動かして、邦人の輸送中に戦闘に巻き込まれてしまった場合です。輸送中に攻撃を受けたので、自衛隊が反撃し、銃撃戦の中で誤って周囲にいた民間人を殺してしまったとします。

PKOの任務であれば、PKO地位協定が適用されて、南スーダンの刑事裁判権からは免責されます。しかし、UNMISS司令部の命令に逆らって勝手に部隊を動かし、その過程で起こした事件となれば、南スーダンの当局に拘束されても文句は言えません。自衛隊の方が、最初に地位協定違反を犯しているからです。

あの時、アメリカはアメリカ国民の保護のため約五〇人の米兵をジュバに派遣しました。これはUNMISSとは関係ない部隊です。その際、南スーダン政府との間で、米兵の法的地位について別途合意を結んでいるはずです。これが標準なのです。日本政府は、国連の指揮下で行うPKOの活動と、日本が単独で行う「邦人保護」の活動をごちゃまぜにしています。

日本政府は、現地にいる日本人が危険に晒されているのに、近くにいる自衛隊が助ける能力があるにもかかわらず何もしないというわけにはいかないと言います。そして、やるのであれば、必要な権限をきちんと付与し、事前に十分な訓練を行った上でやった方がいいと言うのです。

日本政府と自衛隊には、カンボジアＰＫＯで国連文民要員の中田厚仁さんと警察の高田晴行さんが武装集団に襲撃されて殺害されたことについて、現地に自衛隊がいながらどうすることもできなかったという忸怩《じくじ》感がずっとあるのです。

感情論としてはわかりますが、軍事組織は、通常の官僚組織以上に、個人の感情が抑制されるべき存在です。軍事組織というのは、最も感情に左右されてはいけない職能集団なのです。各国部隊は、ＰＫＯ司令部の命令によって動くのです。自衛隊が感情に任せて「駆けつける」。そんな、勝手なことが軍事組織として許されるわけがありません。くり返しますが、地位協定上の責任は国連が負っているのです。感情と軍事組織の運用論を混同してはならないのです。

日本の議論は、主権国家の領内で外国の軍隊が活動する上で、地位協定に基づく法的な関係がいかに重要かという視点がまったく抜け落ちています。六〇年以上、アメリカと日米地位協定を締結して、国内で米軍が自由に活動しているのに、その視点がないというのは、実に不思議です。

第五章

日米地位協定改定案

改定を実現するために何をすべきか

「日本は行動の自由を制限され、世界の大国になりうる力をもちながら、アメリカの保護国でもあるという矛盾した状況が生まれている」「つまり、日米安保条約は事実上、日本をアメリカの保護国とすることを規定している」

これは、アメリカのカーター政権で国家安全保障問題担当の大統領補佐官を務めたズビグニュー・ブレジンスキー氏が著書『ブレジンスキーの世界はこう動く』（山岡洋一訳、日本経済新聞社、一九九八年）に記した言葉です。

保護国とは、形式的には独立していても、外交や軍事など主権の多くを外国に握られている国のことです。日本はアメリカの保護国だなんて、随分失礼な言い草ですが、残念ながら、このブレジンスキー氏の言葉は日本の現状を鋭く言い当てています。本書をここまで読んできたみなさんは、きっとそのことが理解できるはずです。

これまで、さまざまな角度から日米地位協定を他の地位協定と比較してきましたが、まとめると次の四つのことが言えるかと思います。

①日米地位協定は、「戦時」でも「準戦時」でもない「平時」の協定なのに、他の国の地位協定と比べて断トツに日本の主権が不在であること。

②主権国家の政府の最大の責任は国民の生命や財産を守ることだが、日米地位協定は、在日米軍の行動に起因する国民の生命や財産に対する脅威を取り除くためにあるべき日本政府の能力を損なっていること。

③日米地位協定は、領土係争中の相手国との外交交渉の際に、日本の主権を発揮するさまたげとなること。

④国内で日米地位協定によって主権が損なわれていることに慣れてしまい、主権意識が麻痺している日本人は、ひるがえって、自衛隊の海外派遣先で逆の立場、つまり日本が地位協定によって特権を享受し、その国の主権と人々の権利を脅かすかもしれない存在になっていることに鈍感になってしまっていること。

それにしても、日本はなぜ、ここまで「主権」というものに鈍感になったのでしょうか。

そもそも、日米地位協定の条文の多くは、一九五二年に締結した行政協定の内容をそのまま引き継ぎました。つまり、日本がまだ占領下にあった時代に締結された行政協定の内容が、「主権回復」から六五年が経った今も、そのまま残っているのです。

歴代の日本政府が、ずっと日米地位協定を「パンドラの箱」のように扱い、アメリカに改定を要求するのを避け続けてきたために、国民もこの「日米地位協定＝永続占領レジーム」に慣れ切ってしまっているように見えます。

しかし、ドイツも韓国も改定を実現したように、地位協定は「パンドラの箱」などでは決してありません。

アメリカが同盟諸国と結ぶ地位協定の「改定」の歴史を振り返れば、まさに平時（または準戦時）の主権国家に外国軍隊が駐留するという「異常」な状況をアメリカ自身が認識するなかで、その「異常」が生み出す受入国の民衆のさまざまな反発に対処しながら、いかに米軍の特権を最大限確保しつつ前方展開戦略を維持するかという試行錯誤であったことがわかります。

ですから、米軍の駐留を強いるアメリカと受入国の関係の「安定」を希求するのはアメリカ自身であり、だからこそ単なる地位協定の「運用改善」ではなく、広く、透明性をもって現地社会の感情に訴えかけられるように、周知が及ぶ「改定」というかたちで示してきたのです。

日本は地位協定を改定しなくても、これまで「平和」にやってこられたからいいじゃないかという意見もあるかもしれません。しかし、それはひとえに米軍基地の約七割が沖縄に置かれ、地位協定の「被害」も沖縄の人々に集中してきたことによるものです。

同じことを、この先もずっと続けていいとは思えませんし、アメリカの政治家に「事実上の保護国」と言われてしまうような、一方的に主権を侵害される異常な状態を、このまま放置していいとも思えません。

また、日本はアメリカの戦争から中立であるための国際法の要件（資金・物資等を提供しない。領内を軍事基地、移動経路として使わせない等）を何も満たしていません。日本人が漠然と憲法九条のおかげと思い込んでいる平和は、実は「アメリカの平和（＝戦争）」なのです。日米地位協定を改定しなければ、本当の意味で日本の「戦後」は終わらないし、日本は一人前の「主権国家」にはなれません。また、「平和」、いや「非戦の主権回復」のためにも、日米地位協定の改定は避けては通れません。

二〇一七年の五月三日に安倍晋三首相が二〇二〇年に憲法改正を実現したい考えを表明したことから、これから改憲の是非をめぐる議論が国会の内外で活発化してくるでしょう。

憲法とは、国家の骨格を決めるものです。しかし、今の日本は、日米地位協定によって、国家から主権が骨抜きにされている状態です。主権を回復せずに改憲を論じても仕方がありません。国論を二分する改憲論議をする前に、まずは政府と国民が一つになって地位協定の根本的な改定に取り組み、主権国家としてアメリカと「対等」な関係をつくり直すべきではないでしょうか。

独立後も主権を回復できなかった日米行政協定

「日本国民はこの協定に至大の関心をもっている。平等な主権国家としての日米両国関係は占領時代とは異なることを明らかにしなければならない」

これは、一九五二年一月二九日に開かれた行政協定締結交渉の第一回公式会議で、日本側代表の岡崎勝男内閣官房長官が冒頭のあいさつで述べた言葉です。

岡崎官房長官は続く会談の中でも、アメリカ側代表のディーン・ラスク特使に、「日本国民の国民感情をじゅうぶん考慮してもらいたい（中略）六年間占領下にあって日本国民は独立を熱望している」と述べて、「占領の継続」と国民に受け取られないよう行政協定の言葉遣いにも細心の注意を払うよう求めています。

機密解除され公開されている外務省の当時の交渉記録には、独立を熱望する国民感情を背景にして、対等な主権国家どうしの新しい日米関係にふさわしい行政協定を締結しようとする日本側交渉担当者の気概が節々から伝わってきます。

しかし、やがてそれは悔しさへと変わります。

日本側の交渉担当者たちが思い描いていた行政協定は、平和条約発効（占領終結）後の対等な主権国家どうしの関係にふさわしいものでした。ところが、アメリカ側から最初に届いた協定案は、占領軍としての特権を最大限温存しようとするものでした。

それに対して日本側は、一九五一年六月に調印されていたＮＡＴＯ地位協定をモデルに協定をつくることを求めます。ＮＡＴＯ地位協定は、対等な主権国家どうしの関係を前提につくられたものであったからです。

しかし、アメリカ側は、NATO地位協定がアメリカ議会でまだ批准されていないことを理由に、日本側の要求をはねつけます。さらに、アメリカ側は「在日合衆国軍隊の地位が平和条約の発効により一夜に激変をうけることを回避するよういくらかの猶予期間をもつことをつよく要望した」（外務省交渉記録）といいます。つまり、絶対的な特権を持っていた占領軍の地位から、いきなり対等な主権国家どうしの関係を前提とした地位に変えるのは困ると主張したのです。

結局、交渉はアメリカ側に押し切られました。交渉担当者の西村熊雄氏は、行政協定の交渉経過をまとめた文書の「結語」で、こう振り返っています。

こうして協定を通読すると、日本ばかりがgive and giveすることになる印象をつよめることも見逃してはならない。行政協定の公表されたとき、国会も国民も一ように失望し不満の意を表し非難の声をあびせた。（中略）国会および世論の期待するところ（中略）を達成すべく根気よく努力を重ねたところであった。が、ついに目的を貫徹しえず（中略）交渉当事者自身はなはだ不満で早晩できるかぎり早目にその改善をはからねばならないと心ひそかに期するところがあった。（外務省日本外交文書「平和条約の締結に関する調書」）

この「結語」では、後に首相となる中曽根康弘議員に求められて行政協定の内容をレクチャーしたところ、「要するに、この協定は日本をアメリカの植民地化するものですナ」と言われたエピソードも紹介しています。

平等な主権国家どうしの関係にふさわしい、占領時代とは根本的に異なる協定をつくるという当初の目的を貫徹できず、独立を熱望する国民の期待に十分応えることができなかった西村氏の悔しさが伝わってきます。

行政協定は一九五二年二月二八日に調印され、サンフランシスコ講和条約や日米安保条約と同日の同年四月二八日に発効します。この日をもって、連合国による占領は終結し、日本は主権を回復します。ところが、米軍は行政協定によって、その後も占領時代と同じような特権を行使し続けたのです。

行政協定下での米軍の運用実態を象徴的に表しているアメリカ側の公文書が残っています。文書は、一九五七年二月一四日に東京の駐日大使館からアメリカ国務省に送られた在日米軍基地に関する秘密報告書で、国際問題研究者の新原昭治氏がアメリカ国立公文書館で入手したものです。

当時、アメリカ政府はアイゼンハワー大統領の指示で世界の米軍基地に関する実態調査を行っており、この文書も同調査の一環として作成されました。文書には、在日米軍の実態について、実に率直に記しています。

日本での米国の軍事活動の規模の大きさに加えて、きわだつもう一つの特徴は、米国に与えられた基地権の寛大さにある。安保条約第三条にもとづいて取り決められた行政協定は、米国が占領中に持っていた軍事活動遂行のための大幅な自立的行動の権限と独立した活動の権利を米国のために保護している。安保条約のもとでは、日本政府とのいかなる相談もなしに「極東における国際の平和と安全の維持に寄与」するためわが軍を使うことができる。

行政協定のもとでは、新しい基地についての要件を決める権利も、現存する基地を保持し続ける権利も、米軍の判断にゆだねられている。それぞれの米軍施設に適用される基本合意が存在する。これに加えて、地域の主権と利益を侵害する多数の補足取り決めが存在する。多数の米国の諜報活動機関と対敵諜報活動機関の数知れぬ要員がなんの妨げも受けず日本中で活動している。

米軍の部隊、装備、家族なども、地元とのいかなる取り決めもなしに、また地元当局への事前情報連絡さえなしに日本への出入を自由におこなう権限が与えられている。日本国内では演習がおこなわれ、射撃訓練が実施され、軍用機は飛び、その他の日常的な死活的に重要な軍事活動がなされている――すべてが行政協定で確立した基地権にもとづく米側の決定によって。（新原昭治 前掲書）

まさに、アメリカ自身が、行政協定は米軍に占領時代と変わらぬ特権と行動の自由を保障していると評価していたのです。

米軍による占領状態は今も続いている

問題は、六〇年前に書かれたこの文章の内容が、単なる「昔ばなし」になっていないことです。これまで見てきたように、ここに書かれた米軍の特権の大部分は、今も変わらず続いています。

そうなってしまった最大の理由は、「対等な日米関係」をうたって行われた一九六〇年の安保改定の時に、行政協定の条項が大部分そのまま日米地位協定に引き継がれたことでした。

行政協定の条項を安保改定後の地位協定にそのまま存続させるというのは、安保改定交渉に臨むアメリカ側の当初からの方針でした。

一方、日本政府の当初の方針は、安保条約の改定を優先させ、行政協定は「追って全面的改訂を行うとの前提で〔筆者注：安保改定にともなう必要最小限の〕技術的修正を施したものを暫定的に準用する」（一九六〇年六月、外務省「日米相互協力及び安全保障条約交渉経緯」）というものでした。

ところが、与党・自民党の内部からも安保改定を機に行政協定も全面的に改定すべきだとの声が上がり、政府は方針転換を余儀なくされます。

そして、一九五九年一月から二月にかけて関係する各省庁から行政協定改定の要望を集約します。筆者（布施）は外務省に開示請求をして、各省庁から出された改定要望の一覧を入手しました。その中には、次のような積極的な要望も含まれていました。

一条　軍属の定義をＮＡＴＯ協定と同じにする（法務省・警察庁）
三条（米軍が）権利を施設区域外で行使する際は必ず合同委員会で協議し、決められた条件に従って行使することを明確にする（大蔵省）
「権利、権力、権能」は「権利」と改める（法務省、大蔵省）
一七条　日本側に裁判権がある場合は日本側が被疑者を拘禁できるようにする（海上保安庁）
（外務省「行政協定調整に関し関係各省より提示された問題点」一九五九年二月一九日）

政府はこれらの要望を、最終的に五七点の改定案にまとめてアメリカ側に提示します。これを受け取って検討したマッカーサー駐日大使は、「形式を中心とするものと期待していたが、実質に触れるものが甚だ多い」と不満を表明し、日本側の提案のままだと、行政協定だけでなく安保条約の改定も難しくなってしまうと脅します。

その後の交渉の一つの焦点になったのが、米軍の基地管理権を定めた第三条でした。

行政協定第三条は、米軍は基地内で排他的な管理権を持つだけでなく、基地の外でも基地の防衛や管理、基地へのアクセスを確保するために必要な「権利（ライツ）、権力（パワー）及び権能（オーソリティー）を有する」と明記していました。

「権利」だけでなく、「権力」「権能」と三つ並べていますが、それだけ絶対的な管理権を行使できるという意味です。いかにも、占領軍が絶対的な権力を持っていた占領下での交渉でつくられた条文です。

条文の最後に、基地外で米軍がその「権利、権力、権能」を行使する場合は、合同委員会で協議しなければならないと書いていますが、それもあくまで「必要に応じ」てです。米軍側が必要だと判断しなければ、協議しなくてもいいのです。

この条文が、基地の内外で米軍が制約を受けることなく自由に活動できる根拠となっていました。

●行政協定　第三条一項

合衆国は、施設及び区域内において、それらの設定、使用、運営、防衛又は管理のため必要な又は適当な権利、権力及び権能を有する。合衆国は、また、前記の施設及び区域に隣接する土地、領水及び空間又は前記の施設及び区域の近傍において、それらの支持、防衛及び管理のため前記の施設及び区域への出入の便を図るのに必要な権利、権力及び権能を有する。本条で許与される権利、権力及び権能を施設及び区域外で行使するに当つては、必要に応じ、合同委員会を通じて両政府間で協議しなければならない。

これについて、日本側は、

①基地の管理権は、「両政府の合意により定める条件で使用する権利」と改める。

②基地外における権利は、アメリカ側の権利とせず、「日本政府はその権限内で施設・区域の運営に必要な措置をとる」と改める。

――の二点を改定案として提示しました。

①は、基地内であっても米軍に無条件の排他的管理権を認めるのではなく、あくまで両政府間で合意した条件の範囲内で認めるということです。②は、基地の外では、日本政府が米軍基地の運用に必要な措置をとるということです。

アメリカは、この日本側の提案をはねつけます。

結局、第三条は次のように改定されました。これが現在の条文です。

●日米地位協定　第三条一項

合衆国は、施設及び区域内において、それらの設定、運営、警護及び管理のため必要なすべての措置を執ることができる。日本国政府は、施設及び区域の支持、警護及び管理のための合衆国軍隊の施設及び区域への出入の便を図るため、合衆国軍隊の要請があつたときは、合同委員会を通ずる両政府間の協議の上で、それらの施設及び区域に隣接し又はそれらの近傍の土地、領水及び空間において、関係法令の範囲内で必要な措置を執るものとする。合衆国も、また、合同委員会を通ずる両政府間の協議の上で前記の目的のため必要な措置を執ることができる。

改定前と改定後の条文を読み比べてみてください。違いがわかりましたか？

基地内については、占領軍の絶対的権力を想起させる「権利、権力、権能」という言葉は消え、「すべての措置を執ることができる」という言葉に置き換えられました。

基地の外については、米軍の基地へのアクセスを確保するために必要な措置は、原則として米軍ではなく日本政府がとることになりました。同時に、米軍もその措置をとることができると最後に記しています。ただし、どちらの場合も合同委員会での協議を義務付けました。

日本政府の最初の改定案は受け入れられなかったけれど、以前の行政協定に比べれば、少し改善されたという感じでしょうか。

しかし、これはアメリカ側が実質面で譲歩した結果ではありませんでした。実質面では、アメリカ側は最後まで、ほとんど譲らなかったのです。

実は、この条文を改定する裏で、米軍の実質的な権限には変更を加えないという密約が結ばれていました。

一九六〇年一月六日、藤山愛一郎外務大臣とマッカーサー駐日大使は次の密約を結びました。これが、「基地権密約」と呼ばれるものです。国際問題研究者の新原昭治氏が、二〇一〇年にアメリカの国立公文書館で入手した解禁文書で明らかになりました。

日本国における合衆国軍隊の使用のため日本国政府によって許与された施設及び区域内での合衆国の権利は、一九六〇年一月一九日にワシントンで調印された協定第三条第一項の改定された文言のもとで、一九五二年二月二八日に東京で調印された協定〔筆者注：行政協定のこと〕のもとでと変わることなく続く。（新原昭治 前掲書）

なんとわかりやすい密約でしょうか。アメリカは「条文の文言は変わるけど、米軍の特権は何ら変わらない」と日本側の確約をとっているのです。

このように、条文の改定などで表向きは改善したかのように見せながら、裏でそれを骨抜きにする密約を結ぶというやり方は、一九五三年に行政協定の刑事裁判権条項を改定した時とまったく同じです。

アメリカは裏で日本政府からこのような確約をとることで、行政協定第三条の条文を改定した後も、それまでと変わらぬ米軍の排他的基地管理権と活動の自由を確保したのです。

一九六〇年に新しい安保条約と日米地位協定の調印を終えた岸信介首相は、国会で、「戦後長い間の占領時代からのいろいろなつながりを持った事態が、なお完全に払拭されておらなかった点もあるのでありますが、今回の安保条約並びにこれに関連しての行政協定等を通じて、真にそういう戦後的な色彩を払拭して、日米対等の意味において、理解と信頼の上に協力する。（中略）ことが、その日米新時代の持っておる真意義」（一九六〇年二月六日、衆議院予算委員会）と強調しました。

しかし、事前協議制の導入や地位協定の改定など見かけ上の変化の裏で数々の密約が結ばれ、米軍が基地の内外で日本の制約を受けずに自由に軍事行動を行う特権はほとんどそのまま温存されたのでした。

そして、日本政府の当初の方針であった、安保改定後に追って全面的な地位協定改定を提起するということも、いつしか忘れ去られてしまいました。その後、地位協定改定の交渉が一度も行われないまま五七年の時が経ち、岸元首相の言葉を借りれば、「占領時代からのいろいろなつながりを持った事態が、なお完全に払拭されていない」状況が固定化・永続化されてしまったのです。

敗戦による米軍占領の名残「横田ラプコン」

地位協定第三条に基づいて、米軍が基地の外で「必要な措置」をとっている代表的な例は、「横田ラプコン」です。

二三六ページの図のように、首都圏を含む一都八県（東京、神奈川、埼玉、群馬、栃木、長野、新潟、静岡、山梨）の上空に広がる巨大な空域が「横田ラプコン（RAPCON: Radar Approach Control）」です。この空域を通るすべての航空機の航空管制は、米軍（横田基地）が行っています。

この空域の飛行は、米軍が最優先です。そのため、羽田空港を発着する民間旅客機は、この空域を避ける迂回ルートをとらざるをえません。

交通量が極めて多い首都圏の上空の大部分がこの空域で占められているため、航空路の混雑を生み出し、航空機がニアミスを起こす危険な要因にもなっています。

首都の上空の航空管制権を外国の軍隊に握られている国が、はたして一人前の「主権国家」だと言えるでしょうか。くり返しますが、こんな状況は、現在「準戦時」のアフガニスタンでもありえません。

そもそも米軍による航空管制は、行政協定が発効した一九五二年に、日本側で自主的な航空管制の実施が可能になるまでの間の「一時的措置」としてアメリカ側に認めたものでした。当時は、米軍機も含めた首都圏の上空の航空管制を実施できる能力や技術が日本側になかったため、米軍に暫定的にゆだねたのでした。

それから六五年が経過し、現在の日本は当然、航空管制を実施できる能力も技術も持っています。政府もそれは認めていて、「横田ラプコン」の返還をくり返し求めていますが、アメリ

横田ラプコンと民間航空ルート

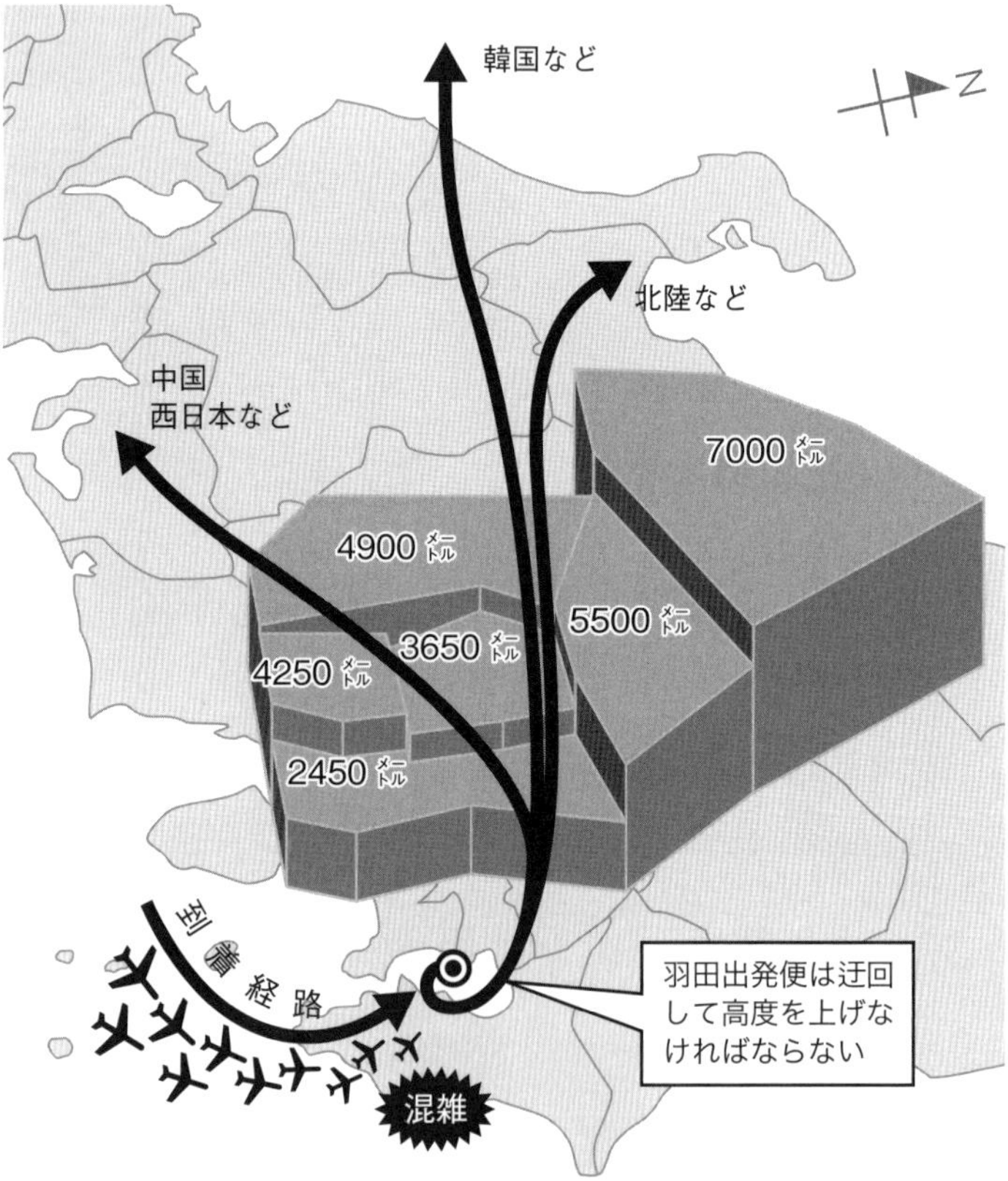

カ側は「運用上の理由により応じられない」と拒否し続けています。

「横田ラプコン」の返還について、安倍首相は二〇一三年に国会で次のように答弁しています。

（横田ラプコンは）我が国が戦争に負けて米軍の占領を受け入れた、これは名残と言ってもいいんだろうと思います。（中略）しかし、同時に、我が国はまさに、例えば北朝鮮のこのミサイル事案においても、我が国の防衛には米軍の力を絶対的に必要としているわけでございまして、この中において様々なこれは交渉を行わなければならないということは御理解をいただきたいと思います。（中略）今後とも、こうした空域についてはなるべく、これは我が国のまさに領空でございますし空域でございますから、返還していただけるような努力はしていきたいと、このように思っております。（二〇一三年四月二三日、参議院予算委員会）

この答弁で安倍首相は、「横田ラプコン」の存在が、敗戦による米軍占領の名残であることを認めています。

しかし、その一方で、「我が国の防衛には米軍の力を絶対的に必要としている」と述べて、アメリカ側の立場に配慮する姿勢も示しています。

この言葉からは、いざという時に米軍に守ってもらわないといけないから、あまり強くは返還を要求できないという姿勢が垣間見えます。

この姿勢は、日米地位協定についても一緒です。いざという時には米軍に守ってもらわないといけない、だからアメリカが嫌がる地位協定改定を強く言い出せない。アメリカにとって有利な地位協定の改定を、アメリカが好まないのは当然です。日本側から言い出さなかったら、交渉すら始まらないし、永遠に改定されないでしょう。実際、日本政府は一九六〇年に地位協定が発効してからこの五七年間、一度も正式に地位協定本文の改定をアメリカ側に提起したことがありません。

韓国やドイツなどでは改定が実現しているのに、日米地位協定だけが一度も改定されないのは、日本政府がアメリカ側に配慮して改定を要求してこなかったからです。

アメリカ政府による地位協定交渉の戦略とは

このような日本政府の姿勢を見越してか、日米地位協定に関するアメリカ側の姿勢は一貫して強硬だったと言えるでしょう。

例えば、二〇一三年一二月に沖縄県の仲井眞弘多知事が日本政府に地位協定の改定を求め、安倍首相が「最大限努力する」と答えた直後、アメリカ国務省の副報道官が会見で「われわれは改定に合意していない。今後交渉を始めることも考えていない」（二〇一三年一二月一七日）と、交渉を行うことすらも強く否定しました。

環境補足協定の締結で日米が合意した時、安倍首相は「地位協定については、（中略）〔筆者注：これまで〕指一本触れられなかったのでございますが、今回、まさに初めて、（中略）従来の運用改善とは異なりまして国際約束の形で得たこの成果は日米地位協定の締結から五十四年を経て初めてのもの」（二〇一五年一月三〇日、衆議院予算委員会）と誇りました。

この首相の言葉に、日米地位協定本文には絶対に手をつけさせまいとするアメリカの強硬な姿勢が表れています。

しかし、協定を結んでいる一方の側が改定を望んでも、もう一方の側が改定したくないから交渉のテーブルにもつかないというのは、対等な主権国家どうし、それも同盟国、友好国としての態度ではありません。

そもそも、日米地位協定は、日米双方ともいつでも改定を要請でき、要請があったら両政府は交渉すると定めています。交渉すらしないというのは、この規定に反しています。逆に、改定を要請したらアメリカも交渉しなくてはならなくなるので、日本政府は改定を一度も正式に要請してこなかったという面もあると思います。

●日米地位協定　第二七条

いずれの政府も、この協定のいずれの条についてもその改正をいつでも要請することができる。その場合には、両政府は、適当な経路を通じて交渉するものとする。

日本政府が地位協定本文の改定を要請すらできない理由として、「いざという時に米軍に守ってもらわないといけないから」ということからくる配慮・遠慮があるのでは、という話を先ほどしました。

もう一つ、その理由としてよく持ち出されるのが、「日米安保条約の片務性」です。しかし、地位協定をめぐる歴史を冷静な目で見れば、この問題でアメリカが譲歩する度合いの大小は、かならずしもアメリカの防衛にどれだけ貢献しているかで決まっているわけではないことがわかります。

これまで見てきたように、ドイツでも、韓国でも、イラクでも、地位協定に関してアメリカ側の譲歩を引き出す最大の要因となったのは、受入国の「国民感情」です。「ここで譲歩しなければ、反米感情あるいは反米軍基地感情が高まってまずい」と判断した時、アメリカ側は譲歩するのです。

なぜなら、米軍が外国と同盟を結び、そこの国に軍隊を駐留させているのは、第一にはアメリカの国益のためだからです。アメリカの国益にとって重要な同盟や米軍の駐留が脅かされるとなれば、地位協定で譲歩することもあるのです。

実は近年、アメリカの中でも、同盟関係や米軍駐留をより「安定」させるために、地位協定に関する交渉にもっと柔軟に臨むべきだという考えが生まれてきています。

五八ページでも触れましたが、二〇一五年一月、アメリカ国務省は、「地位協定に関する報告書」を公表しました。

報告書は、地位協定により「米軍関係者の権利が保護され、米軍が展開するミッションの達成が容易になり、行財政の負担が減る」とその意義を強調しつつも、地位協定に関する各国との交渉が近年さまざまな困難に直面しているとして、その環境の変化について、次のように記しています。

アメリカの海外展開の目的と同様、地位協定に対する外国の見方も変化してきた。伝統的な同盟国であれそれ以外であれ、国家の主権の問題にますます敏感になっている。アメリカへの依存と服従を認めることは多くの受入国にとってより困難になっている。アメリカの安全保障での支援と協力を純粋に評価する国々でさえ。受入国の公式で一般的な態度としては、主権を譲ること（たとえば刑事裁判権の免除、税や関税の免除、免許の要件で）は政治的に好ましくない。特に広範で複雑で非互恵的な協定においては。最近新たな目的のために駐留をしている国々ではなおさらだ。こうした要素は新たな国々との地位協定交渉を複雑にし、有益な関与その他の活動を遅らせている。（「地位協定に関する報告書」二〇一五年）

アメリカは、世界中で約一〇〇カ国以上と、地位協定やそれに準じる合意を結んでいるといいます。日本、韓国、NATO諸国のような伝統的な同盟国でも、イラクやアフガニスタンのように新しく地位協定を結んだ国でも、国民は主権の問題に敏感になり、アメリカの安全保障への協力を評価している国々でも主権を譲ることは政治的に困難になっているというのです。

過去の地位協定交渉官へのインタビューの中では、「アメリカは地位協定交渉で譲歩する能力を高めるべきだ」という意見が紹介されています。理由は、「それによって地位協定を結ぶ国と信頼関係の基礎を築き、二国間関係への過度のストレスやアメリカの関与戦略へのダメージなく地位協定を実施することを確実にできる」からです。

報告書は、最後に、これから各国との地位協定の交渉に臨む際の「提言」を行っています。そこでも、「すべての地位協定においてアメリカの要望を最大限に実現しようとする衝動は理解できる」などとしながらも、「一貫した高い基準の保護は理屈の上ではよい原則だ。しかし、アメリカの国益はより柔軟なシステムでより高まる」と受入国の状況をふまえた柔軟な交渉を行うよう強調しています。

アメリカ政府には、「グローバル地位協定テンプレート」という、地位協定の交渉における標準の雛形《ひながた》があるのです。この報告書では、それに言及しています。

刑事訴訟からの完全な訴追免除、公務内の民事訴訟からの訴追免除など、まさに米軍の特権を最大化する内容です。「互恵性」は考慮されていません。インタビューに答えたある交渉担当者が友好国の政府代表にこの雛形を見せ、「これ冗談でしょ！（You have got to be kidding.）」と言われたエピソードがこの報告書で紹介されています。そして、ここ数十年、これを標準の雛形にしてきたことは失敗であると結論づけ、その国の状況をふまえて、それに合ったバリエーションを検討すべきだと提言しています。

このように、当のアメリカ自身が「グローバル地位協定テンプレート」からどこまで譲歩できるかを真剣に議論しているのです。

地位協定は、「パンドラの箱」ではありません。

そして、「平時」の地位協定で、最もこのテンプレートに近いのが日米地位協定なのです。

自民党議員も改定を目指していた

沖縄県は二〇一七年九月、一七年ぶりに日米地位協定改定の要請書をまとめ、日米両政府に提出しました。

要請書は、「昨年4月に発生した米軍属による悲惨な殺人事件やオスプレイの墜落事故等により、県民の怒りは限界を超えつつあります」として、基地外での事故で日本側が捜査や財産の差し押さえができるようにすること、訓練など米軍の諸活動に航空法など日本の国内法を適用すること、日本側で裁判権を行使すべき被疑者の拘禁を日本の当局が速やかにできるようにすることなどを求めています。

沖縄の改定案の他にも、いくつかの日米地位協定改定案が日本人の手によってつくられています。

・自民党の議連「日米地位協定の改定を実現し日米の真のパートナーシップを確立する会」の改定案（二〇〇三年）

・民主党、社民党、国民新党（当時）の三党で合意した改定案（二〇〇八年）

・日本弁護士連合会の提言（二〇一四年）

・渉外知事会（米軍基地や関連施設がある主要一五都道府県で構成する組織）の一五項目の改定要求（二〇一五年）

ここで注目したいのは、一番目です。自民党にもかつて、日米地位協定の改定を目指す議員連盟があったのです。

同議連が二〇〇三年に作成した改定案は、在日米軍に対する日本の法令適用を拡大する内容になっています。

たとえば、訓練に関する条項を新たに設けて、①米軍の訓練は原則として提供施設・区域内で行うこと、②例外的にその外で行う場合には、日本政府との協定ないし同意を必要とし、日本の法令に従わなければならない——などと定めています。

このような条項が新設されれば、現在米軍が一方的に行っている低空飛行訓練などは、日本政府の関与によって減らすことが可能になるでしょう。

また、米軍の航空機や船舶が事故を起こした場合は、日米で合同調査委員会を設置して調査するとしています。さらに、日米合同委員会の合意事項は、速やかに公開することや、合同委員会の中に基地のある地方自治体の代表者の参加する地域委員会を設けると明記しています。

こうした改定の意義について、同議連の幹事長を務めていた河野太郎衆院議員は当時、次のように話しています。


米軍が何か事件・事故を起こすと、即座に感情的に、反米的なことが広がります。これは何も日本に限ったことではなくて、韓国も同じことです。要するに、日米安保への理解が薄い中で、反米軍基地感情のようなものだけが広まってしまうと言うのは、日米安保体制にとって非常に良くないと思うのです。

それを解決する為に、一つは日米安保を理解してもらうということと、もう一つは問題になっていることがあれば早期に取り除いていかねばならないのだということです。そうすると、環境問題、横田基地等の航空管制問題、米軍あるいはその軍属家族が日本の法律にきちんと従っていない問題等に関して、日本国民に疑念をもたれるということはあまりいいことではないので、それをしっかり取り除いていく必要があるのです。

そのためにも、日米地位協定と係る問題をきちんと見直して、示す事です。つまり、戦争の準備や軍事行動に関しては特別に対処するべきでしょうが、しかし、「平時の生活をしている時には、米軍人は皆きちんと日本の法律に従ってもらいます」ということをちゃんとやらなければいけないと考えます。（二〇〇三年七月二三日に行われた同議連の下地幹郎会長との対談）

河野太郎氏は、日米安保への国民の理解を深め、安定的に運用していくためにも、日米地位協定の改定が必要だと言っているのです。これは、先ほど紹介したアメリカ国務省の地位協定報告書が、地位協定交渉は受入国の国民感情をふまえて柔軟に行うべきと提言していることと重なります。

さらに河野氏は、日米地位協定で一番変えなければいけないのは、「透明性と説明責任」だと強調しています。


透明性とは、日米の合同委員会で話し合われた事柄が即座にオープンとされることであり、議事録が公開される事であると考えております。合同委員会が開催されたかどうかさえ分からないような、「議事録は一切公開しません」という事態はもう許されません。

更に、「日米でこう言うところは合意したけれども、こういうところにはこのような違いがあります」と、国民に対してちゃんと説明ができるようにはっきりさせる。これが対等な同盟関係を作るには一番大事なことだと私は思います。（前掲）

つまり、国民の理解がなければ対等な同盟関係はつくれない、そのためにも、すべてブラックボックスの中で決める今の合同委員会のあり方を変えて、合同委員会の議事録は公開すべきだと言っているのです。

まさに、その通りです。

河野氏は二〇一七年八月に外務大臣に就任しました。河野氏には、ぜひこの機会に日米地位協定の改定を目指していただきたいと思います。

「半占領国家」から「主権国家」になるための改定案

筆者は、主に以下のような日米地位協定の改定が必要だと考えています。

最大のポイントは、「駐留を認められた外国軍隊には特別の取決めがない限り接受国の法令は適用されない」というこれまでの前提を改め、ドイツなどと同様に、日本の領域内では日本の法令が適用されるという「属地主義」を徹底し、在日米軍にも原則として日本の法令を適用するということです。

また、基地の提供協定をはじめ合同委員会合意を原則公表とすることで透明性を高め、日米地位協定の運用を民主的統制の下に置きます。以下が、筆者の考えた「改定案」です。

【主権】

日米地位協定のすべての条文を日本の「主権」を基本にして書き換える。特に、「基地の管理、運用」に関する条項では、これを筆頭に明記する。こうすることで、（アメリカ自身がそう考えているように）地位協定上の特権を例外として必要最小に限定するという考え方が、すべての条項の基調となる。

【基地の提供】

アメリカ側に日本のどこにでも基地提供を求める権利（いわゆる「全土基地方式」）を与えている日米安全保障条約および日米地位協定上の条項を廃止する。米軍は、日本政府が提供した基地を、使用条件等を定めた提供協定に従って使用することができるとする。提供協定は公表する。返還する時はアメリカ側が原状復帰の義務を負う。

【基地（訓練空・海域を含む）の管理権】

基地の内外に関係なく、原則として日本の法令を適用し、艦船や航空機の基地への出入りや、物資・人員の持ち込みおよび通過は日本政府に事前に通告し、承認を得るものとする。政府や地方自治体は、適切な手続きをもって基地に立ち入ることができるようにする。

【訓練】

訓練は原則として提供施設・区域内に限り、訓練計画を事前に日本政府に提出し、承認を得るものとする。米軍の運用上の理由から提供施設・区域外で訓練を行う特別の必要性が生じた場合は、日本政府に実施の要請を行うことができる。日本政府はアメリカ側の要請を考慮するが、公共の安全に重大な影響があると判断した場合は要請を拒否することができる。訓練にも、自衛隊と同様、日本の法令が適用される。

【刑事裁判権】

日本側に第一次裁判権のある事案については、被疑者の身柄がアメリカ側にある場合でも、日本側でいつでも逮捕できるようにする。アメリカ側に被疑者の身柄を引き渡すのは、アメリカ側に第一次裁判権があることが確実な場合に限る。刑事裁判権条項の適用は、米軍人または米軍に直接雇用された軍属に限る。コントラクターには原則適用しない。

【互恵性】

訓練などでアメリカを一時的に訪問する自衛隊にも、日米地位協定と同様の地位と特権を与える。

【国外への戦闘作戦行動】
在日米軍を日本国外での戦闘作戦行動に派遣する場合は、直接発進する場合だけでなく、第三国を経由する場合も含めて、いかなる場合にも事前協議の対象とする。事前協議の結果、日本政府が同意しなければ、米軍は当該作戦に日本国内のいかなる施設・区域も使用することができないと明記する。

【日米合同委員会】
日米合同委員会の合意内容は原則公開とする。

これらの改定が実現すれば、日本の国のありようも、アメリカとの関係も大きく変わるでしょう。

改定を実現するために必要なのは、国民世論と国民運動です。ドイツ、イタリア、韓国、フィリピン、イラク、アフガニスタンでも、これが起因になっていることは、述べてきた通りです。国民世論と国民運動がなければ、アメリカ側の譲歩は引き出せませんし、日本政府は改定を要請すらしないでしょう。これまでそうだったように。

日米地位協定改定が大きな国民世論・国民運動にならなかったのには、いくつか理由があると思います。

一つは、前述したように、「地位協定問題」＝「沖縄問題」と捉えられていることです。でも、日米地位協定は「沖縄問題」ではなく、日本という国の独立と主権の問題であり、政府が自国の国民の生命や安全に責任がとれるかということや、自国の未来を自己決定できるかということにかかわる国民全体の問題です。

もう一つの理由は、沖縄を除いて、日米地位協定の改定を求める左右のイデオロギーを超えた運動が起こらなかったことです。

改憲や日米安保条約の是非をめぐっては、左派および右派で意見は分かれるでしょう。でも、日米地位協定の改定は、「日米同盟の安定」を重視する人たちにとっても、「人権」を重視する人たちにとっても、避けることのできない課題であるはずです。また、北方領土問題などの領土問題を解決する上でも不可欠です。

思想信条は違っても、日米地位協定を改定し、真の主権国家を目指すという点では、同じゴールを目指すことができるはずです。思想信条の違いを理由にして、それをやらないで得をするのは誰でしょうか。言うまでもなく、アメリカです。日本の国民世論・国民運動が高まらなければ、日米地位協定を改定する必要性も生まれないし、これまで通り、占領時代に手に入れた特権を享受し続けられるのですから。はたして、それでよいのでしょうか？

現実的には、日米安保条約は当面続いていくでしょう。そうであるならば、今の日米安保体制の中で日本の自主性を高めていく、自己決定権を高めていくということは、日米安保体制を将来も堅持していくべきだという立場の人にとっても、将来的には日米安保体制とは別の安全保障の道を選ぶべきだという立場の人にとっても、何ら矛盾しないはずです。

これからどんな国を目指すにせよ、現状の日米の同盟関係の中で日本の自主性を高める努力をしなければ、次には進めないでしょう。

そのためにも、日米地位協定の改定を実現し、日本を「半占領国家」から真の「主権国家」にする必要があります。

地位協定の改定を実現するためには、国民の世論と運動を高めるしかありません。「地位協定をもっと対等にしろ」「政府はアメリカと交渉しろ」という国民多数の声を背景に、日本政府が覚悟を決めてアメリカ政府と交渉して初めて、チャンスは開かれます。

民主党、社民党、国民新党の三党が地位協定改定案に合意した翌年の二〇〇九年、政権交代でこの三党連立の鳩山由紀夫政権が発足しました。

鳩山政権は、日米地位協定の改定とともにアメリカ海兵隊普天間飛行場の国外移設も当初掲げていましたが、いずれもアメリカの高いハードルに阻まれて実現できませんでした。

政権をとっても実現できなかったのは、国民世論と国民運動がなかったからです。これがなければ、アメリカは譲歩しません。

この失敗を教訓にして、今こそ日米地位協定の改定を実現し、当たり前の「主権国家」となるための国民運動を起こす時です。

*

伊勢崎賢治からのメッセージ

アメリカの仮想敵国の真正面に位置する日本。加えて、アメリカ本土から最も離れたところで、その仮想敵国の進出を抑える防波堤となる「緩衝国家」日本。この日本を支配するにおいて、国内で「最も差別された地域」沖縄に、あえて駐留を集中させ、駐留が起因となる反米感情が、常にその地域に限定された「民族自決運動」になるように、その緩衝国家本土の「反米国民運動」に発展させない。これが誰かのグランドデザインだったら、あっぱれとしか言いようがない。


保守層へ。

軍事的な主権がない国を相手に、領土問題の交渉をしようという奇特な国があると思うか？

時には相手の立場に立って考えてみよ。

「緩衝国家」としての日本を意識せよ。

地域的なグリーバンス（不満）の歴史的な鬱積。たとえば沖縄。そういう地域的な不満は、そしてその運動は、どんなに権力が力で押さえ込もうと、消失することはない。絶対にない。これは歴史の事実だ。

そして分離独立運動に発展。そこに大国が干渉する。たとえば中国。国家の分裂。緩衝国家の末路だ。

その結果、戦場となるのは、アメリカではない。中国でもない。常に緩衝国家自身なのだ。

中国が、北朝鮮が、脅威でないとは言わない。しかし、アメリカ自身が勝てない敵をつくってしまった（対テロ戦）現在、そしてこれからの近未来、「アメリカの代わりに狙われる」脅威を直視せず、単なるヘイト（憎悪）で、安全保障を語るな。

愛国心を装って沖縄の運動を攻撃するのは止《や》めよ。それは、緩衝国家の安全保障にならない。

自国の兵士を――異国で彼・彼女が何をしようと――絶対に守り抜きたいアメリカが、属地主義が支配する平時において地位協定を締結するリスク感を理解せよ。たかが相手国（日本）の「安保ただ乗り」の見返りぐらいで、このリスクは冒さない。リスクはアメリカ自身のためだ。それを本書は証明した。

アメリカの掌の上での愛国心の発散は、もう止めよ。

リベラル層へ。

もう一度問う。主権なき平和は、日本の平和なのか。

日本は、憲法九条という〝独り言〟のほか、アメリカの戦争から中立であるための国際法上の要件を何も満たしていない。日本の平和は、アメリカの戦争なのだ。

米軍のオスプレイのことを心配するのは分かる。しかし、ジブチで自衛隊機が現地民を巻き込む公務中の事故の可能性も考えよ。

もし起こったら、米軍よりずっと、ずっと、ややこしいことになることを。

地位協定の被害国は、公務中の過失事故の裁判権を泣く泣く放棄する。加害国が、責任を持って裁くという前提があるからだ。当たり前だ。

加害国としての日本は、この前提を提供できないのだ。日本には、日本人の海外での事件を〝故意犯〟として裁く法体系しかない。この状態で他国と地位協定を締結する「非人道性」を日本の平和主義は理解していない。アメリカの加害者性は、日本より〝まし〟なのだ。

沖縄の米軍基地反対運動が、まず、これをしっかり見据えよ。沖縄の運動を「国民運動」にするために。

そして、アメリカの掌の上の平和主義に主権を取り戻すのだ。

あとがき

自分の国の主権が大きく損なわれている現実に向き合うのは、本当にしんどい。

本書で見てきたように、アメリカと地位協定を結んでいる他の国々と比べても、日本の「主権放棄」ぶりは際立っている。ドイツもイタリアも韓国もフィリピンもアフガニスタンもイラクも、みんな主権を主張してアメリカと粘り強く交渉し譲歩を引き出してきたのに、なぜ日本だけはそれをしないのだろう。なぜ日本国民は、アメリカに対して主権を強く主張しようとしないのだろう。

日本人の主権意識が希薄になってしまった理由として、国の防衛をアメリカに委ねているからだと指摘する人がいる。確かにそういう面はあるだろう。いざという時はアメリカに守ってもらわないといけないのだから日米地位協定の特権ぐらいは仕方がないのでは、と漠然と考えている日本人はけっこういると思う。無意識のうちに、主権よりも平和を優先させているのである。

布施祐仁

しかし、その平和は他者の犠牲の上に成り立っているカッコつきの平和である。第二次世界大戦に敗れて七〇年余、日本が直接戦火に見舞われることはなかったが、アメリカは日本の米軍基地を出撃・補給拠点としてアジア・中東地域で数々の戦争を行ってきたし、基地が集中する沖縄の人々は米軍による事件・事故の被害に苦しみ、決して平和とは言えない戦後を送ってきた。戦後日本の「平和国家」というアイデンティティーは、日本に米軍基地があることによるこうした犠牲についてあまりにも無頓着であった。これは、「いざという時はアメリカに守ってもらわないといけないから」の一言で軽く流していい話ではないはずだ。

それに、「主権よりも平和」でカッコつきの平和を守れる時代も終わりつつあるのではないか。世界では、主権というキーワードが改めて注目されているという。テロをはじめグローバル化によるさまざまなひずみが噴出し、国家間の力関係も大きく変化して、世界は激動期に入っているように見える。激動の時代に変化に機敏に対応するには、自国のことを自ら決めることのできる主権が決定的に重要になってくる。

東アジアでも、中国が国力を強め、アメリカの力は相対的に低下している。この傾向は今後も続くだろう。そんな中、いつまでもアメリカにおんぶに抱っこでは、日本の平和はおぼつかない。この点では、アメリカの同盟国（ＮＡＴＯ加盟国）でありながら、隣国ロシアと軍事的緊張をつくらない自主的な外交・安全保障によって領海問題を平和的に解決したノルウェーの経験に学びたい。同盟国＝一〇〇％同化・依存することでは、決してないのである。

今回、世界各地の紛争の現場で活動してこられた伊勢崎氏と一緒にこの本を著すことができたのは、私にとって非常に刺激的だった。一人前の「独立国」として国際社会で権利を主張し責任を果たすということがどういうことなのか、伊勢崎氏の「世界標準」からの問題提起は鋭くリアルであった。

伊勢崎氏は「はじめに」で、憲法九条をどうするかということについて私と必ずしも意見が一致しているわけではないと記している。たしかに、私は憲法九条の改憲に反対である。でも、いま進む道は違っても目指す方向はそれほど違わないと思っている。

伊勢崎氏は「新九条（改憲）論」が注目されているが、それには「日米地位協定の改定が大前提」と主張されていることが重要だと思う。その「改定」とは、「在日米軍基地が日本の施政下以外の他国、領域への武力行使に使われることの禁止」である。

実は、本書で提案する日米地位協定の改定ポイントを検討する際、伊勢崎氏は当初、同様の内容を主張していた。それに対して、私が「それをアメリカがのむことは一〇〇％ないだろうから、日本の領域外の作戦に使う場合は日本政府の了解を義務付けるようにしましょう」と提案したのである。

実際、アメリカが在日米軍基地の日本領域外への作戦使用を完全に禁止する地位協定改定に同意することはないだろう。本書でも述べたように、アメリカは第一義的にはそのためにこそ日本に米軍を駐留させているからだ。

しかし、伊勢崎氏の言うとおり、真の「非戦」を実現するには、これは避けては通れない道であるのは間違いない。

来年二〇一八年は明治維新一五〇周年である。明治の時代も、外国人の治外法権を定めた不平等条約の改正が政治の大きなイシューであった。そして、日本は国民の団結によって、アジアで最も早く治外法権の撤廃を実現したのであった。

明治の不平等条約は締結から改正まで四〇年余かかったが、日米地位協定は締結からすでに六七年。抜本改正まであと何年かかるだろうか。それを成し遂げるのは、やはり日本国民の団結でしかない。国の独立と主権の問題に、右も左もないはずだ。

明治から昭和に至る歴史からナショナリズムの危うさも学びつつ、地位協定改定を追求していきたい。

巻末資料

アメリカ国際安全保障諮問委員会作成「地位協定に関する報告書」概要部分

伊勢崎賢治 訳

国際安全保障諮問委員会（ＩＳＡＢ International Security Advisory Board）は地位協定（ＳＯＦＡ）に関して合衆国が交渉を行う場合の戦略と課題について諮問を受けた。

米軍の要員は、十分な地位保全策が保証されない限り他国に派遣されることはない、というのがアメリカ合衆国の政策である。地位協定はこの政策を実現するための手段であり、外国領土におけるアメリカ国防総省（ＤｏＤ Department of Defense）の人員、（註１）活動、及び財産の法的地位を定め、合衆国政府と受入国政府の間の権利と義務を定義するものである。

国務省は、地位協定に関する合衆国政府の交渉を主導する全般的責任を有し、その実施についての責任を国防総省と共有する。さらに、補足協定の施行と交渉の執行機関でもある。

アメリカ合衆国が何らかの形態の地位協定を締結している国は世界に一〇〇カ国以上あるが、その約半数はＮＡＴＯ地位協定または「平和のためのパートナーシップ（ＰｆＰ Partnership for Peace）」地位協定の適用国である。この種の地位協定は、ＮＡＴＯの全加盟国と「平和のためのパートナーシップ」参加国のほとんどに適用されるものである。他にオーストラリア、イスラエル、日本、韓国などの長年の同盟国との包括協定、さらにその他の国とのそれほど包括的でない各種の協定がある。しかし、合衆国が重要な軍事的関係を持ちながら地位協定が未締結の国が依然として存在するため、このような国との協定締結が合衆国政府全体の優先事項とならなければならない。

地位協定により確保されるアメリカの重要な国益は多数あるが、特に重要なのは、米軍の要員が不公正な司法制度の対象にならないよう保護することである。これは、米軍人の権利を守り、さらに米軍人の規律を維持するために重要である。そればかりではなく、程度の差はあれ、合衆国の公正な基本的制度と根本的に異なる制度の下で裁判を受ける危険性がある場合、軍の海外展開への国の意欲（およびそのような展開に対する国民の支持）が大きく後退するおそれがあることも理由なのである。また、地位協定があれば、米軍の運用における受入国への民事責任として、租税、関税、許認可、出入国管理等の規制から生じる財政面および管理面での負担を軽減できる。また、軍服の着用、武器の携帯、施設警備の実施、通信運用、損害賠償手続き、および電磁スペクトルへのアクセスといった問題についての明確な権利が確立されることから、任務達成に有用であり得る。

地位協定の問題が生じる背景はこれまでに変化してきている。まず、第二次世界大戦後、米軍の海外派遣部隊の任務が戦時の戦闘と占領から、合衆国との強い同盟関係やその他の安全保障上の義務による完全な主権国家への平時の長期駐留へと変化したことから、NATO地位協定及びNATO以外の同盟国との同様の包括的協定が生まれた。次に、冷戦終結後、第三世界諸国または旧ソ連の支配から解放されたばかりの国々、ともに合衆国が安全保障上の義務も正式な同盟関係も持たない国に、米軍の広範囲な「関与」が開始された。この種の関与は、通常、演習、訓練、および人道支援から成るしばしば短期間のものであった。第三の背景は、やはり一九九〇年代初頭に生じたもので、安全確保が困難な状況における紛争終了後の移行期、平和維持、および人道援助で、広域的な低強度紛争および若干の大規模戦闘を伴う状況であった。さらに、九・一一の同時多発テロ事件以降、イラクとアフガニスタンでの戦争及び長期的な対テロ戦争により第四の状況が生じた。多くの場合現地政府の不安定な協力の下で、激しい戦闘と、現地部隊の訓練、および広範な「国家建設」が混合した駐留を続けるというものである。

現在の地位協定は実にさまざまである。NATOの全加盟国と「平和のためのパートナーシップ」参加国のほとんどにその条文が適用されるN

ATO地位協定、さらに日本や韓国のような伝統的な同盟国との協定のように、幅広く詳細にわたって定められ、ほとんどの犯罪事件に加えて、施設使用と財務上、管理上の問題についての詳細な規則について、合衆国と受入国双方の原則を同時に具体化した協定がある。基本となるNATO地位協定は、しばしば特定の状況で生じる必要なプロジェクトの実施に対応するため、詳細な取り決めが二国間の合意という形で補足されてきた。

・短い外交文書の形で、外交使節団の行政および技術スタッフ（A&T要員）に与えられる外交特権の地位と「同等の」地位という注釈のもと、「どうしても必要な」（しかし基本的に排他的な）裁判権の範囲を明白に言明したもの。

・国連のモデルおよびその他の特別協定に依拠するものを含む上記以外のもの。

・最後に、合衆国は、近年「グローバル地位協定テンプレート」（GST Global SOFA Template）を策定した。これは、合衆国の希望する地位の保護について、合衆国関連機関が横断的に合意した標準雛形で、将来のあらゆる協定の基準となり、合衆国に幅広い刑事免責をもたらすことを意図したものである。

近年、新規の地位協定の交渉事例が多数あるが、国務省の交渉担当官の多くが、合衆国が望む包括的な条項内容（古い時代の協定の多くに記載され、GSTにも盛り込まれているもの）と、今日の受入国が合意を望む条項内容との間に懸隔が生じていると考えている。地位協定はその定義からして、自国内の外国人に自国の法律が適用されるという国際的な法の支配の原則に則り、そう理解されている国家の主権に、必然的に例外を設ける。これはしばしば、国家の自尊心の問題、合衆国との協力についての国内の反発、合衆国の利益に従うことへの抵抗、安全保障上の合衆国への依存感の軽減から合衆国の要求への同意をためらうこと、重大な収税権限および規制権限の放棄に対する抵抗、さらに「より良い」協定を合衆国と締結しているように見える近隣国との競争といった問題を生起する。さらに、一部の国では、自国領土内における米軍の要員と活動を保護するのみで、自国軍の要員と活動も合衆国内で同様に保護される互恵的権利が盛り込まれないことで、地位条項への同意をためらうことがある。

GSTを標準化された唯一のモデルとして確立する

ということこれまでの一〇年以上にわたる努力は実を結んでいない。厳密に言うと、特定のケースにおいてのみ、GSTの文言についての合意に到達して合衆国が異なる地位協定の間の一貫性において正当な利益を享受できるものがあるが、それは、個々の受入国の特別扱いの要求（または別の国が獲得したものと同等の取り扱いについての断固たる要求）に、何らかの理由で、抵抗できた場合にのみ、である。

しかしながら、多くの実例において、受入国は合衆国の標準条項を受け入れる意思を示していない。GSTの標準条項から逸脱する際、関連するすべての省庁からの許可が必要になるため、しばしば煩雑となるこの国内の官僚手続きが、合衆国交渉担当官にとって大きな障害となる。その結果、合意されるべき合衆国要員の地位的な保護が得られなかったり、得られても、その合意が遅れ、必要な戦闘行動または軍事行動を放棄するか、しなくても、要員の地位の保護なしで行動を遂行する事態を引き起こしている。

教訓となるのは、地位協定の単一の標準モデルは、まず、各受入国によって異なる合衆国の国益追求の目的の観点から、必要でないこと。そして、それら受入国によって承諾されることはないであろう、ということである。地位協定の交渉と運用の可能性を拡張するには、個々の地位協定の背景にある問題、権利の互恵性、そして受入国ごとに異なる米軍の活動の性質、そのために獲得すべき保護条項の優先順位を考慮する必要がある。

概して言えば、本報告書は、地位協定の交渉の枠組みと交渉の実行そのものにおいて、より高度な柔軟性、そして合衆国政府内の手続きを交渉の現実に適応させること、そしてそのために国務省における資産と訓練を強化すること、さらにパートナー国に何らかのかたちの互恵性を提供する意思を持つことが必要であると勧告する。また、戦闘地域および紛争後の移行期における要員の地位の保護について、さらに有効な地位協定へのアクセスを容易にする、よりよい記録保管手順について、特別調査の実施も勧告する。

具体的な勧告内容（本文第九章で詳述）を以下に示す。

1　地位協定の交渉を優先せよ

合衆国が明確な行動規範と説明責任をもって相手国と関わるならば、適切な合意に基づく米軍の要員の地位の保護が重要である。適切な合意に基づく保護は、米軍の要員を不公正な裁判手続きと現地当局との摩擦から守ることに加えて、係争の円満な解決にも貢献する。それ無しには、相手国との重要な外交関係が根底から蝕まれるおそれがある。それは結果として、明確に財政面の節約と管理面の負担軽減を可能にする。しかしながら、合衆国の国益にとって、そこに軍事的拠点を置くことが重要であっても、地位協定が未締結の国が依然として存在している。これは、合衆国政府が一丸となって取り組むべき問題である。

2　個々の受入国にテイラーメイドの交渉を

地位協定の保護のない状態での部隊運用のリスク評価、そして必要とされる保護の種類と範囲は、合衆国軍司令が扱う個々の状況によって異なるため、地位協定の交渉にあたっては、その現実を直に反映したものでなければならない。従来の「グローバル地位協定テンプレート」は、交渉の一貫性、スムーズさのどれをとっても、実績として、適切な枠組みとは言えないことが証明されている。受入国と合衆国の関係の特質、受入国の裁判その他の法制度の特質、駐留する米軍の関与の規模などを個別に考慮する、柔軟な交渉システムこそが、合衆国の国益にかなうものである。

3　合衆国の法体系による刑事裁判権の優位性を従来どおり維持せよ

合衆国の基本政策方針は、どんな地位協定であれ、合衆国の裁判権を、常に包括的に、そして外交特権と同等もしくはそれに近いものとして、最大化することである。この基本方針を明示するために、明確な地位協定の交渉と合意が必要である。地位協定に受入国との「裁判権の競合」が想定される場合、合衆国は、受入国がその裁判権を好意的に放棄することを期待する。合衆国は、常に自らの独占的な刑事裁判権を維持するよう努めるべきだが、現地の法制度が健全なものである場合、そして受入国が好意的に裁判権を放棄することが期待される場合、地位協定の法理として「裁判権の競合」条項を容認するべきである。

4　請負業者の地位的保護は、ケースバイケースで

米軍が、兵站その他の支援機能だけではなく、米軍施設及び要員の保安業務、および従来は正規軍が実行していた中核的軍事任務さえも請負業者に深く依存するようになったため、請負業者の刑事裁判権および民事裁判権における地位が重大な問題になってきている。刑事免責を強く求めるかどうか、それはどの範囲でどの種類の請負業者を対象とするか。この問題は、各受入国ごとに対応するのが最良である。特に、大規模な米軍部隊が長期駐留する場合は、特別な留意が必要である。請負業者が中核的軍事行動に深く一体化している場合、請負業者のために刑事免責を要求してみる価値はある。その際、請負業者全般に包括的な免責保護を求めるのではなく、ごく限られた非営利の、合衆国政府と強く一体化し、作戦に不可欠な任務を与えられる請負業者に限定することは、合衆国の国益のためでなく、交渉のカードとして有効である。逆に、請負業者が米軍の活動に規模的にも内容的にもそれほど密接に関わるわけではないケースでは、請負業者の免責保護の要請は不適切であろう。

5　何らかの「互恵性」を交渉のカードに

合衆国の交渉担当官は、受入国における米軍の要員と活動に対して広範囲の刑事免責を求める一方で、合衆国内における受入国の軍の活動に対して同様の刑事免責（またはより狭い免責でも）を提示することは事実上禁じられている。これは、対等な立場を望む一部の国にとっては容認しがたいことである。この互恵性に関する問題の解決策は、「カウンターパート」協定方式にあり、フィリピンとイスラエルとの協定がそのモデルとなる。受入国政府との交渉を容易にし、受入国の政局が容認できる抜け道として、更に、合衆国にとってより大きな保護特権を受入国から引き出すために、この互恵性の提示は、交渉担当官の通常の交渉カードとして認められるべきである。

6　戦時の戦闘と準戦時・平和時の駐留が混合する特殊状況における裁判権と法的地位について、研究が必要である

米軍の展開の目的は戦闘任務であるが、同時に、受入国政府の紛争後の支援、対テロリズムならびに対反乱軍活動など、友軍の能力構築などの任務も含まれる状況の地位協定は明らかに特殊な事例である。このような状況では、米軍は、単なる防御を超える戦闘任務が必要な危険な環境に展開されることになる。イラクとアフガニスタンでの経験から、受入国政府は、米軍

による潜在的な違法行為についてアメリカ政府に独占的な裁判上の特権を自動的に持たせることはない。しかし、この種の状況に対処する地位協定モデルは存在しない。ＩＳＡＢでは、この種の「低強度戦」状況の分析は行っていないが、合衆国政府がその分析を行い、政策のための原則を定めることは重要である。そのような状況は、しばしば「全政府的」アプローチが必要であるため（更に広範囲の分野に請負業者の活用が必要になるため）、その分析が米軍要員の地位だけに限定されるようなことはあってはならない。

7　相手国の財政及び行政に、思いやりを

地位協定においては、刑事裁判と民事裁判の取り扱いが最もセンシティブな問題として捉えられがちであるが、財務面および管理面での保護特権の問題が、しばしば、事件性にとらわれない日常の最重要懸案になる。少なくとも、財務問題が争点になる時、相手国政府の予算と財政難の懸念に建設的に対処するため、アメリカの地位協定交渉団に非制服の文官を含めることが重要である。このような懸念が地位協定交渉においてどのように解消されるのか、また妥協がなされるとしてそれが適切なものといえるかどうか、アメリカ側の柔軟性のあり方が模索されるべきである。

8　交渉、政策の評価監察、および実施

8.1　政策の評価監察を強化せよ。地位の保護を確保する協定を受入国と締結することの重要性を強調した国務省と国防総省の間の統一政策を明確に提示し、その目的を達するため、両省の政策協力を強化するという原則と共にそのための具体的なプロセスを提示せよ。両省のそれぞれの上級の政策担当官に権限を与え、地位協定の交渉過程を単に法的又は行政的視点ではなく、国家政策の観点から管理せよ。

8.2　地位協定問題の担当官を業務評価をし人材育成をせよ。国務省と国防総省、両省の各地域管轄部局とその活動計画に、地位協定における法的保護の獲得とその実施状況に関する評価を組み込み、関連する海外勤務の将校と文官を訓練せよ。

8.3　大使館の役割を強化せよ。地位協定をめぐる現在の手続きは、中央集権化が過剰で、ワシントンの部局に作業の多くが集中している。結果、人員不足と過剰負担に陥っている。大使館は、中心的な役割を担うことから程遠く、作業の大部分はワシントン当局に偏っている。中央の監督責任をそのまま残しながら、

作業全体をより分権化することができるはずである。合衆国政府の上位組織の介入は有益なものであるが、それは逆に、合衆国からより大きな交渉カードを引き出せるという印象を与えてしまう恐れがある。上位組織の介入は交渉のルーチンよりも最終段階に留め、合衆国政府が一体として取り組む信頼感の醸成に資するべきである。

8.4　交渉戦術に柔軟性を。合衆国は、地位協定の交渉において、常に優位性がある。それは積極的に利用されなければならない。優位性とは、まず、受入国が米軍の存在を必要としていること。その優位性は、受入国が深刻な脅威に直面している時、それに対峙するために米軍の支援が必要と感じている時に最大なものになる。しかし、問題は、米軍の存在が受入国の主権を侵害しているという印象を民衆が持ち、それが米軍の必要性を凌駕してしまう時である。これら以外の状況では、合衆国に優位性はほとんどない。特に地位協定の法的保護なしの米軍の活動が常態化していた場合がそうである。そういう場合には、地位協定の合意がなければ、米軍の関与を削減するか完全に撤退すると意思表示をするしか打開策はなくなる。状況と背景がどうであれ、交渉担当官は、単に法律論ではなく、幅広い観点から、合衆国が潜在的に持っている優位性を利用する権限を付与されるべきである。

8.5　国務省と国防総省の協力体制に継続性を。国務省における政策立案能力と専門的知見の継続性に問題があり、それに真摯に対処する必要がある。まず、地位協定交渉担当官室（the office of the SOFA Negotiator）として常設の文官職位を設けるのも一策である。これは、地位協定交渉における経験を知識として継承し、それを基に地位協定交渉担当官および国務省に助言する。また、場合に応じて、「機動力」を組織することも必要である。これは、合衆国政府を「一人の交渉人」が代表しても構わない。しばしば相反する国務省と国防総省からそれぞれ交渉官を投入し、敢えて協働させ、交渉に機動力を発揮する提案である。これを可能にするには、国務省と国防長官府のそれぞれに、地位協定の締結プロセスを一点で総括できるポストを創設するべきである。

8.6　現地の地位協定の運用能力を強化せよ。〔訳者注：この項目は、本文の記述の方がわかりやすいため第九章五七ページの該当文から翻訳する〕その他の国際協定と同じく、地位協定は締結後に効果的に運用されてこそ意味がある。それは、それぞれの米軍司令部とその現地の行政当局、アメリカ大使館と受入国政府、アメリカ大使館と当該国に駐留するすべての米軍司令部の間の日常的な関係に、すべてが左右される。人脈と個人の関係構築が物を言う。長期にわたる大規模な駐留の地位協定には、該当国と合同委員会が設置され、地位協定運用で発生するさまざまな係争に対処するはずである。さらに、受入国の国軍と警察等治安当局との日々の接触で構築される関係性こそが、合意文書で明記された様々な法的特権の実際の享受を実現させるのだ。(註2)

この調査の関係者へのインタビューで分かるのは、ある特定の事件が世論を巻き込んだ大問題に発展する場合における、アメリカ大使館の役割の重要性である。特に、その際にハイレベルの受入国政府当局と協働する、アメリカ大使館の次席大使の役割の重要性である。

結論として言えるのは、忌諱すべきは、地位協定の〝硬直した〟運営である。本調査のコンタクトでわかるのは、米軍司令官は軍務の遂行しか眼中になく、アメリカ大使館はその他の外交業務を優先し、時に、地位協定での合意事項をお座なりにする傾向があることである。しばしば、アメリカ大使館の担当者が地位協定の内容に無知であり、その運用に全く関与していない状況がある。

地位協定の合意事項がどのような場合を想定するのか、どう適応されるのかが当事者たちに不明確であると、重大な運用上の問題を引き起こすことは、言うまでもない。これは、受入国政府当局にも言えることである。緻密さに欠けた運用や、事故を想定外にする希望的観測は慎まなければならない。

9　情報公開

9.1　地位協定データベースを創設せよ。合衆国政府の機関が、米軍の法的地位について交渉する際に依拠できる、あらゆる協定の電子的検索が可能な網羅的データベース(現在は存在していない)を創設するべきである。これは、この分野における合衆国政府の能力を強化することと、国民に対する説明責任を果たす両方の目的がある。

9.2　地位協定を一般公開し容易に閲覧できるよう集中管理せよ。ほとんどの地位協定は機密扱いではなく国民の閲覧が可能であるが、しばしばアクセスしにくい。地位協定の機密指定が必要な状況は存在するが、ほとんどの場合、一般公開が望ましい。合衆国の司法権と財務面の国益が周知され、仮にアメリカの軍人が不公正な裁判制度と法制度の対象になるおそれのある場合でも、間違いなくその権利を保護されていると国民が確信する機会となるためである。

10 パブリックディプロマシーは慎重に

地位協定の合意事項を周知させるパブリックディプロマシーは特定のケースで有用な場合があるが、これは、まず、受入国政府が合衆国の公式声明が有益だと認め、それが民衆の具体的な懸念に柔軟、敏感、かつ建設的に響いている時に限定されるべきである。パブリックディプロマシーが不可避的に必要になるのは、偶発的な事件が発生した場合である。その際には、まず、国務省がすべての広報を主導すること。そして、受入国政府と米軍との密接な調整の下、民衆の懸念を評価しこれに対処するために大使館の専門的知見を結集すること。その際に、ワシントンで作成された型にはまったキャンペーンは、百害あって一利なしである。

註1　地位協定による保護は受入国内の米軍人のみならず、国防機関の文民職員および（一定の制限の下）その扶養家族にも及ぶ。時に国防総省の請負業者にもある程度の保護が及ぶが、これは標準ではない。なお、受入国の国民は対象外である。本報告書においては、合衆国の「軍」または「要員」もしくはその同義語には、地位協定の保護対象である上記文民および扶養家族を含める。

註2　実際問題として、本調査で行った関係者へのインタビューからの知見として、受入国の国軍と警察等治安当局との現場で構築される関係の中では、法的な保護特権について、しばしば必ずしも明文化されない〝暗黙の了解〟が支配することがある。しかし、これは、ほとんどのケースで良好な結果を生んでいるとは言い難く、将来において奨励されるものではないと、本調査は考える。

伊勢﨑賢治（いせざき　けんじ）

1957年、東京都生まれ。早稲田大学大学院理工学研究科修士課程修了。インドに留学中、現地スラム住民の居住権をめぐる運動に関わる。国際NGOで10年間、アフリカの開発援助に従事。2000年より国連PKOの幹部として、東ティモールで暫定行政府の県知事を務め、2001年よりシエラレオネで国連派遣団の武装解除部長。2003年からは、日本政府特別代表としてアフガニスタンの武装解除を担った。現在、東京外国語大学大学院総合国際学研究院教授。著書に『武装解除 紛争屋が見た世界』（講談社現代新書）、『本当の戦争の話をしよう 世界の「対立」を仕切る』（朝日出版社）など多数。

布施祐仁（ふせ　ゆうじん）

1976年、東京都生まれ。ジャーナリスト。福島第一原子力発電所で働く労働者を取材した『ルポ イチエフ 福島第一原発レベル7の現場』（岩波書店）にて平和・協同ジャーナリスト基金賞、日本ジャーナリスト会議によるJCJ賞を受賞。著書に『日米密約 裁かれない米兵犯罪』（岩波書店）、『経済的徴兵制』（集英社新書）など。現在、『平和新聞』編集長。

主権《しゅけん》なき平和《へいわ》国家《こっか》
地位《ちい》協定《きょうてい》の国際《こくさい》比較《ひかく》からみる日本《にほん》の姿《すがた》

２０１７年10月31日　第１刷発行
２０１８年２月14日　第３刷発行

著者　伊勢崎《いせざき》賢治《けんじ》　布施《ふせ》祐仁《ゆうじん》
発行者　日野義則
発行所　株式会社　集英社クリエイティブ
〒１０１－００５１
東京都千代田区神田神保町２－23－１
電話　０３－３２３９－３８１３
発売所　株式会社　集英社
〒１０１－８０５０
東京都千代田区一ツ橋２－５－10
電話　０３－３２３０－６３９３（販売部・書店専用）
０３－３２３０－６０８０（読者係）
印刷所　大日本印刷株式会社
製本所　ナショナル製本協同組合

ISBN978-4-420-31077-2　C0031